Helga Glantschnig

Blume ist Kind von Wiese

oder Deutsch ist meine neue Zunge

Mit einem Vorwort von Ernst Jandl

Herder

Freiburg · Basel · Wien

Gedruckt auf umweltfreundlichem,
chlorfrei gebleichtem Papier

Lizenzausgabe mit freundlicher Genehmigung des Luchterhand
Literatur Verlags, München

Herstellung: Freiburger Graphische Betriebe 1996
Umschlagentwurf: Joseph Pölzelbauer
Umschlagmotiv: Gabriele Münter, Haus, 1914

ISBN 3-451-04438-2

Kannst du ja nicht Buch schreiben.
Ist ja alles falsch, was wir sagen.
Sind die Falschheiten schön?

WIDMUNG Dem sogenannten Gastarbeiterdeutsch der ausländischen Kinder an der Volksschule Sonnenuhrgasse, Wien VI, verdanke ich die Idee zu einem Buch, das die regelwidrige Sprache und deren kreatives Potential zum Thema hat. Die Kinder, die ich in Deutsch unterrichte, kommen zum Großteil aus der Türkei, aus dem ehemaligen Jugoslawien, aber auch aus Polen, Rumänien, Rußland und China. Viele wurden bereits hier geboren, andere sind zugewandert oder nachgekommen. Diese Kinder besuchen, unabhängig von ihren Deutschkenntnissen, sofort die ihrem Alter gemäße Schulstufe und lernen begleitend zum Klassenunterricht, je nach individuellem Bedarf, in einer kleineren Gruppe verstärkt Deutsch. Innerhalb eines Zeitraums von etwa einem halben Jahr wurden die Kinder von mir bewußt angeregt, im Unterricht auftauchende Begriffe zu erklären, die ich, in der Fehlerhaftigkeit belassend, niederschrieb bzw. nachformulierte – zu einem »Lexikon der Falschheiten«. Als Erfinder, Formulierer und Materiallieferanten sind die folgenden Kinder im Alter von 7 bis 11 Jahren zu nennen:

Ferdane A., geb. 1985 in Wien
Gülü A., geb. 1982 in Wien
Agata B., geb. 1984 in Ostrow (Polen)
Danijela B., geb. 1982 in Wien
Hilal D., geb. 1981 in Wien
Semra G., geb. 1982 in Wien
Suna G., geb. 1984 in Wien
Derya D., geb. 1983 in Bingöl (Türkei)
Silvija M., geb. 1982 in Wien

Biljana N., geb. 1983 in Belgrad
Gönüel Ö., geb. 1984 in Wien
Özlem S., geb. 1984 in Wien
Semra S., geb. 1985 in Acipayam (Türkei)
Marina S., geb. 1981 in Moskau
Bahar T., geb. 1983 in Wien
Hümeyra T., geb. 1982 in Kulu (Türkei)
Narin T., geb. 1985 in Kulu
Esma Y., geb. 1982 in Wien

Duran A., geb. 1980 in Kulu
Kenan A., geb. 1982 in Kulu
Salih B., geb. 1984 in Wien
Vladimir B., geb. 1982 in Oradea (Rumänien)
Burhan D., geb. 1982 in Istanbul
Emre G., geb. 1982 in Eisenstadt
Ilker G., geb. 1985 in Wien
Xiao-Su H., geb. 1984 in Peking
Boban J., geb. 1984 in Wien
Sefedin K., geb. 1984 in Kumanovo (Mazedonien)
Tadzedin K., geb. 1982 in Kumanovo
Savaş K., geb. 1984 in Viyana (Türkei)
Saşa M., geb. 1983 in Wien
Ranko N., geb. 1982 in Glamoc (Bosnien)
Mahmut O., geb. 1983 in Wien
Gökhan Ö., geb. 1983 in Wien
Ramazan S., geb. 1982 in Denizli (Türkei)
Ilyas Y., geb. 1984 in Gölhisar (Türkei)
Sükrü Y., geb. 1981 in Gölhisar

Ihnen, ihren Eltern und Lehrerinnen, aber auch allen, die Sprache nicht nur verwenden, sondern sie lieben, ist dieses Buch gewidmet.

ZU DIESEM BUCH Ohne es zu wollen und ohne es zu wissen, sind die genannten Kinder, durch Umstände bedingt, in dieser Phase ihres Lebens zu einer Art von Sprachkünstlern geworden.
Das werden sie mit zunehmender Beherrschung der deutschen Norm-Sprache immer weniger sein und zuletzt überhaupt nicht mehr.
Eben deshalb erscheint es wichtig, diese vorübergehende Phase naiver Sprachkunst festzuhalten, nicht zuletzt zum Vergnügen all jener Leser, die der Sprache mehr abgewinnen können als ihren rein utilitaristischen Zweck.

Ernst Jandl

A

ADAM UND EVA Zuerst waren Dinosaurier und Affen, dann ist Mensch geworden, Adam und Eva. Und dann haben sie Kinder gekriegt. Und einen haben sie gleich getötet. Und dann hat sie Gott geschimpft.

ADRESSE Die haben alle Menschen. Da gibts in jedem Haus eine Adresse und eine Haustür, wo du hineingehst. Mollardgasse oder Webgasse oder Millergasse oder Mariahilfer Straße und Hetzgasse. Dann gibts noch ein Wien und Zahlen.

AFRIKA Nicht Stadt. Ein Land oder so. Dort ist Kokosnuß, Löwe, Giraffe, Affe gibts Elefant und Banane und schwarze Mann auch, natürlich Frau. Alle haben nicht gerade Haare, wie die Türken manchmal.

ALT Meine Mutter ist so alt wie du und schaut viel mehr alt aus. Warum sind die Frauen in Österreich so schön? Auch die alten.

ALLEE Also alle Bäume sind bei der Straße in der Allee, alle. Für alle Seiten gibts Bäume, so wie im Schönbrunn, gibts auch Blumenallee.

AMERIKA Dort gibts Kino und Superman und Asterix und Mickey Mouse und Michael Jackson und Michael Knight und Bud Spencer. Und Indianer gibts und Kämpfen.

ANGST Wenn man allein ist. In Nacht, dann mach ich meinen Kopf mit Decke zu. Ist große Vogel oder Kobra oder Räuber, dann gibts Angst.

APFEL Ein Apfel hat eine rote oder eine grüne Haut, und es hat eine weiße Frucht, und die Mehrzahl ist Äpfel.

ARARAT Dort ist bei Sommer Schnee geblieben. Dort gibts viel ist kalt. Große, große Berg.

ARBEIT Vater muß Arbeit gehen. Jeden Tag 5 Uhr und kommen 5 Uhr zu Hause. Für Arbeit gibts Geld. In Türkei gibts Spielarbeit. Die Kinder gehen zu den Schafen, aber kein Geld, nur Essen und Wasser zum Trinken kriegen sie. Und dann bin ich zu Hause gegangen, alle Tage wieder.

AUFGABE Man kriegt immer in Schule, auch in Fabrik. Wie eine Putzfrau, die kriegt Aufgabe, wie meine Mutter.

AUGEN Zum Sehen was zum Lesen. Mit Mund, nein, mit Augen lesen. Mit Mund und Augen. Da können wir braunes Auge haben, blaues und schwarzes. Wer gelbe Haare hat, hat blaues Auge. Wer schwarze Haare hat, der kriegt schwarze Augen. Die Frauen schmücken sich in den Augen. Die Deutschen haben so blaue Augen. Die Türken haben so braune. Und gibts auch grüne. So grüne wie du.

AUSFLUG Ist wie eine Urlaub. Da fahrt man in eine schöne Stadt oder irgendwo, daß es dir gefällt. Das ist ein Ausflug.

AUSWENDIG Man tut immer sprechen oder auswendig eine Ansage sprechen oder auswendig ein Gedicht sagen. Wenn die Kinder nicht schauen müssen.

B

Ich heiße Biljana ich bin 8 Jahre alt
Meine hopis sind Eislaufen, Schwimmen
und Tanzen. Jugoslawien die Stadt
heißt Žalare ich habe sehr viele
Feundinnen. Ich habe einen Bruder
er heißt Branko. Ich kann 2 spa
sprachen Jugoslawiesch und Deusch.
Ich esse am liebsten Schnizel,
Spageti und Penvrit.
Ich bin 1983 geboren.

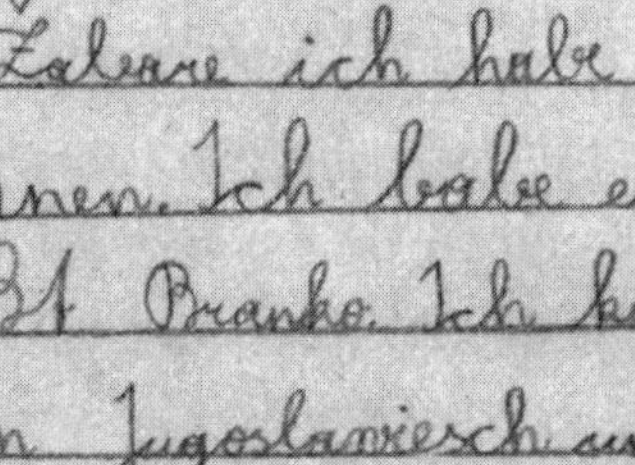

das bin ich!

BABY Ist ein ganz kleines Kind. Wer hat ein Baby, alle Familie hat Freude. Und lachen. Aber die kleine Baby weint viel.

BACH Hatte 12 Kinder und spielt zu König. Er geht zu kleiner Stadt und schreibt Noten. Er bekommt 82 Jahre, dann tot. Er hat eine Frau. Die Frau macht die Kinder. Eine Frau ist tot, und er hat zweites Frau. Seine Name ist Anna Magdalena Bach. Und er schreibt für sie viele Hefte, und sie spielt auch Klavier.

BADEWANNE Wir haben nicht. Da kann man sich abwaschen. Wie eine Schüssel. Da drinnen ist Wasser zum Baden, und da gibts nackte Mann und nackte Frau und Kinder natürlich auch. Wer irgendwo schmutzig ist. Und dann haben sie drinnen ein Shampoo. Und dann nehmen sie ein Handtuch. Und dann sind sie wieder schön, sehr, sehr.

BAKLAVA Ist ganz süß, und es machen die Türken, besonders am Feiertag machen sie es. Baklava machen aber nur manche Deutsche. Die Türken machen es immer.

BALD 10 Minuten, kann aber vielleicht größer sein. Bald ist Eßpause, oder bald kommt die Osterhase. Das ist bald, nicht so jetzt, da, in Deutschkurs. Aber bald. Bald ist ein Wald.

BALL Ist rund und für Spielen, und man kann es hochwerfen, und es kommt wieder runter.

BANANE Kommt von Afrika, aber mit Polen schmecken Banane nicht gut. Banane ist krank, kleine Tiere in Banane, und Kind ist auch krank. In Wien schmeckt schön.

BANK Eine Bank sammelt Geld, und das Geld kriegen sie von den Menschen. Und im Bankomat können die Menschen Geld ziehen. Und in Schwein können sie werfen.

BARBIEPUPPE Kann man spielen, aber nur Mädchen, aber es gibt auch Männerbarbie. Es gibt auch Ultrahaarbarbie und Diamantbarbie, sie hat Diamantaugen, wie Gold. Eine Barbie hat Busen, weil es ein großes Kind ist, 18 oder 19 Jahre, dann kriegt man Busen. Es gibt auch Petrabarbie. Alle heißen Petra. Es gibt auch ein Petrahaus mit Petrabett und Petramann. Alle Barbies kommen aus Amerika. Eine kommt von China. Das steht auf ihre Popo: made in China. Aber ist nicht eine echte Barbie.

BART Hat Mann, große Mann und kleine. Hinter dem Mund und unter und daneben. Kann groß sein oder klein, so wie bei Haare. Aber ist kratzig. Mein Vater hat immer ein bißchen lang, weil er nicht immer schneidet.

BÄR Ein Bär ist braun und kann Mensch umlegen. Und ein Bär schläft um Baum, um große Baum, damit sie nicht umfällt, und dann ißt es Honig.

BAUM Ist braun und hat grüne Blätter, und groß ist es auch, und Vögel können sitzen, und da kann auch Apfel sein oder Birne und Zwetschke.

BAUMSCHULE Baum und seine kleinen Kinder, so wie ein bißchen Wald. Kinder von Baum gehen in Schule, damit sie groß werden.

BEERE Rote, kleine Kerne drinnen. Ist Erdbeere oder Himbeere. Mit Marmelade gemacht ist ganz schön. Hat was Doppeltes: zwei E.

BEET Das ist Blüten und eine Biene und eine Tulpe, Narzisse auch. Es gibt Tulpenbeet, wie ein kleiner Garten.

BERG Dort gibt es so viel Vogel. Dort essen die Schafe das Gras, und kommt Wasser aus dem Berg. Dort gehen alle zu den Schafen, wenn die Sonne scheint. Dann waschen sie die Schafe, und die Frauen machen Käse. Einhörnchen gibts auch, Ameisen, Mariakäfer.

BERNHARDINER Ich glaube, Bernhardiner ist ein Mädchenname.

BERUF Du hast Lehrerin. Ich habe Schule und Karate. Ich habe Schule und Klavier. Macht man mit 15 oder 16. Dann kriegst du richtiges Beruf.

BESUCH Aus Türkei kommt ein Besuch oder Deutschland oder in Wien geht zu Besuch Türkei. Dann nehmen sie Fotografieren mit. Dann gehen sie in Park. Dann schlafen sie im Sitzzimmer, und dann sind zehn Betten, kann auch zwölf sein. Gibts Tee und Baklava. Wenn Besuch fertig ist, geht sie wieder zu Hause oder in Türkei.

BETEN Ist reden mit Gott. In Jugoslawien beten sie mit drei Finger. Die Türken machen auf Boden, und die Deutschen machen Hand zusammengeben. Beten ist wichtig für Gott.

BETT Ich schlafe mit meine kleine Schwester in eine Bett, was ist auch im Tag Bett. Meine Mutter und Vater schlafen in eine Bett, was im Tag für Sitzen ist. Ein Sitzbett.

BIENE Eine Biene hat vier Beine und kann auch Honig machen. Die Bienenkönigin schläft jeden Tag wie ein Murmeltier. Und es gibt in einer Woche eine neue Königin, immer wieder eine neue Königin.

BILLA Billa heute. Das freut Leute. Allerschönste Geschäft, dann kommt Ziel und Hofer.

BITTER Mit Zitrone, Kaffee gemacht. Tee ist bitter. Bitter ist Saft ohne Zucker und mit Grapefruit.

BLIND Auge ist offen, aber kann nicht sehen, vielleicht Schwarzes aber.

BLINDE KUH Man kann ohne Augen was raten. Vielleicht kann es auch ein Affe sein oder eine Maus, die gesteckt ist.

BLITZ So wie ein dünnes Feuer, wie ein Strich, ein schiacher. Und es kann Mensch tot machen, wenn es durchgeht.

BLOND Ist so wie gelb. Gelbe Haare sind blond oder die Sonne und der Mond und die Sterne und eine Ente vielleicht.

BLUME Ist Kind von Wiese.

BLUT Rot da drinnen. Wenn man runterfällt, kann man die Blut sehen. Wie roter Saft, rote Coca-Cola. Hat jeder Mensch. Ohne ist Knochen und Haut.

BODEN Ein Boden brauchen die Menschen fürs Gehen und Laufen und zum Einkaufen.

BÖREK Ist was Türkisches und nicht süß. Es ist eigentlich wie Brot, nur warm und umgeschlagen und mit Käse, auch warm.

BRAUT Sie heiratet mit ein Mann. Die Frau hat eine schöne, weiße Kleid und eine Blume im Kopf, eine Krone. Die Frau hat eine Kette und viel Gold. Ich will nicht Braut sein. Ich will mit meiner Mutter bleiben.

BREIT Weniger groß als lang. Lang ist größer, aber ein Hund ist breit, und eine Kuh ist noch mehr.

BRIEF Wenn jemand gestorben ist, dann ist da eine Nachricht. Das ist Brief. Und wenn jemand allein ist, dann kann er Brief schicken und gehen, wenn seine Tochter zum Beispiel in Deutschland ist. Oder: Ein Mann ist in Wien, und sie schreibt für seine Mutter, was ist los in Wien. Und seine Mutter schreibt auch, was ist los in Bukarest.

BROT Kann man mit Butter essen, Käse oder Wurst. Türkische Brot ist rund wie eine Torte und ein bißchen dick und weiß, nein, hellbraun. Das kann meine Mutter allein machen.

BUCH Muß man viele Rätsel denken, so wie wir jetzt tun. Aber du kannst ja nicht Buch schreiben. Ist ja alles falsch, was wir sagen. Sind die Falschheiten schön? Schreibst du Dummheitbuch.

BUCHSTABE Muß man schreiben. Ist immer mit einem Wort. Das M war der erste Buchstabe, jetzt schreiben wir alle Buchstaben in Lateinschrift. Mein Lieblingsbuchstabe ist das M und das kleine F. Das lange I und das stumme H sind schlimm, weil also zum Beispiel, wenn du schreiben willst Ku, dann hörst du nicht das h in der Kuh. Das ist versteckt, und kann man nicht hören. Aber dann kann man sehen. Das ist schlimm.

BUNT Viele Farben, und die sind schön. Kann alles sein: grün, gelb, rot, dunkelrosa und auch Fleischfarbe. Das kann man benutzen, fürs Malen. Ein Bild mit Malfarbe ist zum Beispiel bunt. Bunt kann auch noch ein Buntstift sein.

BÜRGERMEISTER Präsident von einer Stadt. Also der Bürgermeister ist Zink, nein, Zilk. Haare so, Augen so, weil wir so ein Magazin bekommen, da ist immer so ein Bild von Politik. Von Franz Franzisky auch. Die Türken wollen Zilk, nicht ÖFP, ist schöner. Von Zilk ist auch ein Bild, in Goldfarbe. Er wohnt im Rathaus, da ist ein Salon. Im 1. Bezirk, da ist auch das Museum. Da waren wir. Großes Haus, früher war eine Burg, dann ist Haus geworden.

BUTTER Von Käse gemacht, nein, von Kuh. Von Schaf gibts auch, und Käse, Joghurt, Milch. Butter ist nicht so gut in Türkei, hier aber schon. Von der Kuh ist besser.

C

Ich bin 8 Jare alt.

Ich Haise Sascha und kamm aus Jugoslawien

und main Vorname haist Milošević.

Ich gehe in die 2 klasse ferderkurs.

Ich esse girne Pizer.

Ich wohne in der Miler gase 92, 656-98-3

Ich gehe gerne in den Park und ich

spiele ser fil mit meinem

freind.

CEMBALO Eine alte Instrument, 200 Jahre oder 300 Jahre, so alt ist diese. Ist ein Instrument für Mozart, jetzt ist in Museum, da hab ich auch Geige gesehen.

CHINA Eine große, große Stadt. Da gibts chinesische Mauer, die ist ganz lang. Die Menschen essen immer Reis und haben schwarze Haare und andere Augen. Gibts einen großen Prater, gibts auch.

CHOR Viele Singer zusammen ein Lied singen. Kann Mann sein oder Frau, aber viele.

CHRISTBAUM Baum mit Stacheln und Kugeln und mit Schokolade und mit Stern. Manchmal gibts auch Bänder und Ringe. Vor der Schule gibts auch eine, aber da ist nichts für Essen.

COCA-COLA Sie frißt den Bauch auf. Wenn man ein Stück Fleisch in die Cola gibt, dann am Morgen ist es schon aufgegessen, weil es Soda gibt.

COMPUTER Das ist Maschine, wo du spielen kannst und rechnen und schreiben auch die Aufgabe. Er hat auch Papier und viele Buchstaben und Nummern und Fernseher.

COUCH Wir haben drei Stück. In der ersten schlafen mein Vater und meine Mutter, in der zweiten ich und meine Schwester, in der dritten mein Bruder. Und die letzte Couch ist ein Polstersessel. Nur für Sitzen, aber manche Couch geht unten auf.

CREME Ist für Wangen, ist weich und kalt. Creme kann manchmal grün sein oder rosa, immer hell. Schwarze Creme gibts nicht, blaue auch nicht. Aber die Frauen brauchen alle.

D

Ich heiße Burhan Demir ich bin 9 Jahre alt
mein Hobien sind Eislafen und Fußbal spielen und
Schwimmen. Ich habe drei Schwestern und ein
bruder meine bruder ist 17 Jahre alt.
Er geht im Karater und ich gehe auch
im Karate.

DAME Eine Sie, wenn du Frau bist, verheiratet. Nicht verheiratet, bist du Dame.

DAUMEN Was zum Lutschen, also ein Finger, weil es schmeckt, als ich klein war. Aber Bleistift ist giftig, ist verboten für Lutschen.

DENKEN Man denkt an viele Sachen, also wenn du zu Hause bist, dann denkst du, wo du morgen hingehst. Oder ein Mensch denkt, daß heute schon der erste Frühlingstag ist. Oder ein Mensch denkt, ich will heute Prater gehen.

DEUTSCHKURS Kann man Einzahl, Mehrzahl kann man lernen. In Deutschkurs gibts Lesetelefon und Tiere, Kuscheltiere gibts und Wasserflasche und natürlich Heizung und Spiegel gibts, Spiele auch. Blume, das schaut schön aus, und viele Wörter auf der Wand und auf dem Kasten. Zum Beispiel: Haus, Maus, mein, Kleid, ein, weiß, Eis. Und eine kleine Tafel gibts. Die Fenster sind so groß, aber Hausfenster sind klein. Viele schöne Sachen sind im Fraulehrerinzimmer. Da ist auch so ein Radio zum Sprechen, dann kann man alle Kinder sprechen hören. Und im Kasten gibts wirkliche Schlangen im Glas und eine Hase und Fisch und Vogel und Gras und Frosch wieder im Glas.

DICHTER In Rußland haben sie viele Dichter, und wir lernen in Schule, aber die Dichter sind tot. Puschkin zum Beispiel und Anna Achmatowa.

DICK Ein Fleisch ist zum Beispiel dick, und manche Menschen sind dick. Wenn man zu viele Sachen ißt. Und man kann fett sein oder dick.

DING Es hat einen Begleiter. Damit kann man etwas machen. Dinge sind, wo immer Begleiter sind. Die Tasse oder die Fenster. Kann man auf- und zumachen. Mädchen sind keine Dinge.

DIREKTOR Das ist, wenn die Eltern kommen und sie sprechen, was das Kind angestellt hat. Unsere Frau Direktor heißt Karin, glaub ich, oder Renate und Kern. Sie kommt in Klasse, wenn unsere Frau Lehrerin krank ist. Sie ist aber keine richtige Lehrerin. O ja, sie ist bei Tanzen die Lehrerin und macht die Arbeit bei Schreibtisch. Sie hat einmal Zahnweh gehabt. Und hat auch ein Telefon.

DISKO Ein ganz kleiner Saal, und du kannst tanzen, wieviel du auch willst. Auch Lieder gibts bei der Disko. In Disko kann man essen, trinken und alles mögliche kann man machen. Manchmal küssen sie auch.

DIWAN Da kann man schlafen und spielen und essen. Öfters ist Gold drauf. Drinnen ist so wie Watte, draußen ist Muster und ein Extra für Kopf.

DÖNER Ist mit Fleisch und mit Zwiebel drauf. Gibts in Straße und in Restaurant, in Türkei aber viel mehr. Kommt vom Schaf, geschnittene Schaf.

DOPPELT Ist, wenn da ist zwei gleich lange Kind, nein, Striche oder Tische. Immer zwei Stück muß sein, und gleich. Doppelte Kind gibts auch, ist Zwilling, ist Bub, und kann auch Mädchen sein. Also Bubbub oder Mädchenmädchen oder Bubmädchen.

DÜNN Ein Mensch kann dünn sein, ein Blatt, ein kleines Haar oder ein Buchstabe, ein A oder ein B, und ein kleiner Finger.

E

Ich heiße Esma [redacted]. Und ich habe
eine Schwester und vier Brüdern zwei
sind tot. Zwei sind zu Hause.
Ich komme aus Türkei. Meine Sprache
ist Türkiesch. Meine zwei Bruruder
sind Ferheiratet. Ich bin 10 Jahre
alt. ([redacted]) Mein Mutter
ist 43 Jahre alt. Meine Vater ist
45 Jahre alt. Mein Hobi [redacted] ist
[redacted] Schwimmen, Laufen
und [redacted] Eislaufen. [redacted]
[redacted] Ich habe lange
Harre. Mein Augen sind
Braun. Ich esse gerne
[redacted] Spagetti.

ESMA

ECHT Wenn du nicht lügst. Wenn wirklich Gold ist.

ECKE Ein Zimmer hat eine Ecke, wenn sich ein Kind in die Ecke stellen muß. Ecke gibts auch bei Heft, aber ein Zimmer hat vier Ecken. Ein Dreieck hat drei Ecken. Lineal ist Zweieck.

EI Etwas Rundes, ungefähr so rund, und es ist weiß. Zu Ostern ist es bunter, und da drin ist etwas zum Essen. Man kann es braten. Die Ei legen Vogel und Henne und Osterhase.

EINFALL Wenn du etwas vergessen hast, dann fällt es dir auf. Es fällt in dein Kopf hinein, ganz plötzlich.

EIS Ist so wie kalte Creme oder Soße, mit verschiedenen Farben von Früchten. So Himbeer, so Banane, so Kirschen, so Nüsse, so Schokolade. Natürlich kostet es auch Geld.

EITEL Ist eine Frau, die sich immer auf den Spiegel schaut und glaubt, sie ist die Schönste in aller Welt. Wie die schiache Frau in der Geschichte von snežana, von Schneewittchen.

ENGEL Ein Kind mit Flügel, es wohnt im Himmel, es muß noch höher sein als Stern. Es hat Flüge. Kann man nicht sehen, nur auf Foto. In der Luft ist es wie aus Glas. Wenn Weihnachten, macht man Engel aus Metallpapier. Dann ist sehr schön, aber nicht echt.

ERBE Wenn der Vater stirbt, bleibt die Mutter übrig.

ERDBEBEN In Türkei einmal, wie ich noch war. Erde wackelt ganz viel, und wir sind so viel gelaufen, so schnell aus Haus gelaufen. Und eine Frau ist tot geworden. Und sein Haus auch. Bei meine Oma und Opa war wieder Erdbeben. Seine Haus ist kaputt jetzt, sie wohnen jetzt im Keller. Meine Mama hat geweint, weil die ganze Erzincan kaputt ist. Für Haus ist Zelt geworden.

ERINNERUNG Du hast ein Geschenk bekommen und du bist ganz groß, und jemand ist weggefahren, vielleicht dein Mann und hat Blumen gelassen mit Foto, damit du sie nicht vergißt.

ESEL I-a-i-a. In Türkei gibts ganz viele. Ein Esel ist gut für Sitzen und für Sachen nehmen.

ESKIMO Kalte Mann wohnen in eine kalte Haus.

ESSIG Ist für Eierfarben und Salat. Man nimmt für Dinge, die nicht süß sind.

EULE Ist wie ein Vogel, das leuchtet bei Nacht in die Augen. Sie hat ein Fell, nein, ein Federkleid, und vorn auch Federn, nur nicht bei den Füßen. Bei Nacht macht sie uhu.

EUROPA Nein, nicht Stadt ist. Da sind viele Menschen, sind gleich, nur die Muttersprache ist nicht gleich. Türkei ist und ist nicht in Europa. Ist auch in China.

EWIG Allah ist und Engel. Ist immer wieder immer.

EXTRAWURST Ist aus Schwein gemacht. Du magst so gern. Türken essen nie von Schwein. Ist wie Salami.

F

FALTEN Daß man alt wird. Die Kinder haben überhaupt keine. Wenn sie 34 sind, dann kriegen sie auch. Und wenn du noch mehr alt bist, dann werden sie noch größer. Ist etwas Rotes, so wie Streifen auf dem Gesicht, Fleischfarbe.

FANTASIE Da träumt man von Giraffenland. Es ist wundervoll, aber es ist nicht wirklich. Da gibts Kleider auf Baum und Wurst, und das Wasser ist wie Apfelsaft oder Coca-Cola. Und in Wiese gibts Schokoladeblumen. Und die Kinder brauchen keine Schule. Sie müssen nur immer spielen müssen sie.

FASCHING Wo man feiert und Theater spielt, aber mit Maske. Und die Kinder sind zum Beispiel Rotkäppchen, Fuchs, Hase, Königin, Indianerfrau, und sie essen. Und die Kinder sind fröhlich dann und tanzen. Ich gehe vielleicht aus Ritter oder aus Karate oder aus Rambo. Ich will eine König sein, aber Mutter kauft nicht, weil kostet 200 Schilling. Badman kostet nur 100 Schilling. Ich habe eine Heiraten-Anzug, aber ich will nicht Heiraten-Frau sein.

FASTEN In Türkei heißt Ramadan. Da essen sie nur in der Nacht, ganz in der Nacht. Mutter macht Tee, und wir essen Brot. Vorher schlafen, dann essen und dann wieder schlafen. Wir fasten ein Monat, aber die Deutschen dürfen nur ein Tag fasten. In Jugoslawien fastet man ein oder zwei Tage. Man darf nichts Fettiges essen, sonst übertretet man das jugoslawische Gesetz. In Türkei fastet fast alles. Wir tun nicht fasten, weil wir denken.

FEE Sie hat eine Hut so spitzig wie ein Zwerg und auf der Mütze hat sie ein Tuch, ein bißchen Stoff, das hängt so runter. Und sie kann zaubern und dann ist sie weg.

FEHLER Ist, wenn die Hand ist falsch gegangen. Wenn man etwas sagt, was man nicht sagen will. Du bist verliebt in Fehler.

FEIGLING Ist jemand, ein Mann oder eine Frau, Kind kann auch sein, der nicht getraut die Wahrheit sagen.

FELL Kommt von Schaf, kann man Decke machen. In Türkei gibt es viele, ganz viele, weil sie urviele Schafe haben. Hundert und noch mehr.

FENSTER Damit kein Regen oder Schnee ins Haus kommt. Jedes Haus muß zwei Fenster haben, sonst kann man nicht bleiben.

FERIEN Wo man in Jugoslawien geht, in Türkei und in Niederösterreich. Bei Ferien gehen alle neben den See oder irgendwo, das ihnen gefällt.

FERNSEHER Wenn kaputt, muß operiert werden. Alle Menschen lieben. Auch Video. Zeit im Bild. Wetter. Tom und Jerry ich liebe am schönsten. Wir machen jeden Tag auf.

FEUER Ist heiß und gelb-orange. Für Kochen, für Tee machen und Rauchen. Ist gut für Eier machen.

Also, Feuer ist wichtig für die Menschen, weil ohne kann man nicht essen.

FEUERMAL Meine Mutter hat Blume gegessen. Dann ist Blume in Haut gekommen. Ganz rot ist meine Blume in Gesicht.

FINGER Jede Mensch hat zehn Stück, auch Kind und Baby. Der größte Finger ist der Königfinger. Und der kleinste Finger ist der Babyfinger. Man kann Ring geben, auch Mann, aber Frau kann mehr Ring geben, mit Gold und Stein. Finger sind wichtig für Zahlen, weil man schauen kann.

FLIEDER Viele Punkte im Park, ein bißchen größer. Die gibts in Rosa und Weiß. Stinkt ganz schön.

FOTO Man kann in Hochzeit machen. In Foto ist immer ein Mensch, kann vielleicht auch ein Tier sein oder ein Haus. Foto ist immer doppelt, also: Du bist da und dann im Foto. Dann bist du zweimal.

FRAGE Zum Schluß gibts immer ein umgekehrtes S mit Punkt, das Fragezeichen. Warum hast du keine Kind? Eine Frage braucht immer etwas zum Sagen. Dann mußt du sagen, warum du keine Kind hast. Dann ist sie fertig.

FREMD Wenn man von einem andern Land kommt. Wenn du zum Beispiel in Österreich kommst, du kannst nicht reden, du mußt lernen in Deutschkurs.

Es gibt mehr Fremde als Österreichische in 6. Bezirk. Aber in Deutschkurs gibts noch mehr.

FREUDE Du kannst dich freuen, wenn du einen Freund hast, und dann hast du eine Freude. Du kannst lachen und springen, das ist eine Freude.

FRUCHT Ist vielleicht ein Apfel. Ist Saft und süß. Früchte können rund sein, rot oder gelb, blau-lila, gemischt.

FRÜHLING Wo Blumen ist, und es warm ist. Ostern wird, damit die Kinder spielen können, und Park warm wird.

FUSSGÄNGER Fuß ist was zum Gehen. Menschen, die nicht in Auto sind. Tiere sind immer Fußgänger, Enten auch.

G

Ich heiße Göckhan.
Ich bin 9 jahre alt.
Ich gehe in die 2 Klasse.
Ich kome auf den Türkei.
Ich mach am liebsten Schwimen und Schule.
Ich wohne an der Mollardgasse 46/10.
Ich habe 1 bruda.
Ich habe 3 Schwester.

GABEL Hat vier Finger, und der Mensch braucht sie zum Essen nehmen. Zuerst sind echte Finger, und dann kommt wie ein Bleistift mit Eisenfinger.

GARTEN Ein Garten ist immer Rosen und andere Blumen und, und die können wir gießen. Bäume sind auch, aber die gießen wir nicht.

GARTENZWERG Das steht nur so, damit der Garten vielleicht schön ist. Ist wie für Kinder, aber nicht für Spielen. Für Blumen aber.

GAST Ist, wo Mensch zu dein Haus kommt. Es kann auch Mehrzahl sein, und die Gäste bleiben am Tisch sitzen und sagen, und die anderen müssen Essen machen. Zuerst müssen sie Tee trinken. Alle zusammen hat Freude. Gast sein ist schön, wir haben oft.

GEBURT Wie das kleine Baby kommt. Zuerst ist es wie eine Nadel, dann ist es so groß wie ein Radiergummi, 6 cm, dann ist es 14 cm, wie eine Banane, dann ist es 18 cm, und zum Schluß kommt es heraus. Dann ist es 3 kg.

GEBURTSTAG Da feiert man und wird, glaub ich, sieben Jahre, kann auch hundert sein. Und da gibts Torte und Kerzen. Und man bringt Geschenke. Und alle sagen: Happy Birthday! Viel Glückliches!

GEDÄCHTNISÜBUNG Muß im Kopf lernen, und dann schreiben ohne Schauen, vom Kopf heraus. Kriegt man Stern oder nicht, oder ein Gut und Brav.

Müssen die Kinder machen, damit der Kopf lernt. Besonders die Kinder müssen es machen.

GEDICHT So was Kurzes, wie ein Lied, eine Sage. Kann man nur sprechen und sagen. Andere kann hören. Ist für ein Geburtstag oder eine Muttertag, und Vatertag kann auch sein.

GEFÄNGNIS Da sind solche Leute, wenn sie sich hauen oder töten oder einer Bank das ganze Geld nehmen. Sie tun dort sitzen und schauen. Und sie dürfen nicht in Prater gehen.

GEHEIMNIS Daß niemand weiß, wie vergessen.

GEIGE Kann man rupfen. Dann kommt Musik.

GEISTERBAHN Entsetzen-Tunnel, ist schrecklich. Geht 15 Minuten und kostet 15 Schilling. Eine Kuh ist in Lokomotive, und Schlangen kommen. Es hat große Angst und sagt drinnen: Muh! Und die Männer haben auch Angst.

GELD Geld ist Papier oder wie Stein. Das braucht jeder Mensch, die Kinder, wenn sie groß sind. Die Türken haben Lira, und die Deutschen haben Schilling. 3 Schilling ist in Türkei 23 Schilling. In Türkei ist Schilling mehr Geld.

GERUCH Du riechst wie eine Parfum in dein Gewand. Wenn ich so schnell komme, dann kommt das durch die Luft zu meiner Nase so schön.

GESCHENK Das kriegt man in Geburtstag. In Türkei, ich hab einmal ein Schaf gekriegt, auch Geld. Wenn du krank bist, dann gibt man auch Geschenk und wünscht Gesundheit. Oder wenn du Mann liebst, gibst du Geschenk. So Ring, so Rose, so Hose.

GESCHICHTE Der Hase vor dem Meer. Das ist zum Beispiel so eine Geschichte. Da findet man etwas im Kopf und dann schreibt man das. Also: Es war ein kleiner Hase. Er saß auf einer Wiese und malte viele Eier an. Die Sonne scheinte wunderbar. Hinter ihm war das Meer. Er hatte eine große Schüssel Eier. Und jetzt ist die Geschichte vorbei.

GEWITTER Im Sommer gibt es Winter, weil kleiner Schnee kommt. Die Kinder gehen nicht in Park. Die Männer auch nicht. Ganz schwarze Himmel und so laut wie Flugzeug. Wie Eisenbahn.

GIRAFFE Sie hat lange Hals und kann sie biegen. Sie ist größer, 4m. Du hast keine Angst. Sie ist nicht böse. Sie hat vier Füße, einen Bauch, einen Schwanz. Und kriegt auch Kinder.

GLATZE Das ist, wenn jemand die Haare bis zum Kopf schneidet. Ist gut für den Sommer, damit es nicht heiß ist wegen der Haare. Frauen machen nicht.

GLOCKE Es läutet in einer Kirche, damit alle Menschen sehen, daß die Kirche aufgeht. In Schule kann man nicht sehen, kann man laut hören.

GLÜCK Ein Mariakäfer. Ein Rauchfänger. Ist Urlaub gehen. Daß du Hund hast. Wenn man nicht vom Fahrrad runterfällt. Daß man geboren ist.

GOLD Wenn jemand heiratet, dann will Frau Gold. Dann gehen sie mit Mann, und die Mann kauft Frau Gold, eine Kette, Uhr, für Ohr und für Hand. Die Türken alle lieben Gold, auch die Babys.

GOTT Ich habe zwei Vater, einen da oben und einen da unten. Habe noch nicht gesehen. Gott ist deine, und Allah ist unsere. Allah ist das Größte. Gott hat keine Frau. Ist oben, niemand weiß. Oben gehen und fragen, warum keine Frau. Aber Rakete kann auch nicht, noch mehr weit. Kann ich nicht schauen Gott, aber er ist da. Er hört uns. Wenn du nicht beten, du brennen. Das ist schlechteste Ort, wo alles Feuer ist.

GRANATAPFEL Gibts in Türkei und im Naschmarkt. Draußen ist sie braun und nicht gerade rund. Drinnen sind hundert Kerne und vielleicht noch einmal hundert. Das kann man alles essen. Dann hast du zweihundert Kerne im Bauch hast du.

GRAS Ist grün und immer im Park. Manchmal ist groß und manchmal ist klein. Im Winter ist keins, da ist tot geworden.

GRATIS Bei Kinderfest ist immer gratis Uhr und Schokolade und vielleicht Leiberl, wenn Kinderfest in Osterhasepark oder Stumpergassepark. Einmal hab ich gekriegt zwei Uhr, ohne Schilling.

GRENZE Ist immer gegen. Zum Beispiel Türkei gegen Griechenland. Aber wenn du in Türkei gehst, dann gibts viele Grenzen. Türkei ist nicht gegen Österreich. Österreich ist gegen Jugoslawien oder Ungarn und oder Polen.

GROSS So wie deine Haare. Die Türkenmädchen haben große Haare, die Indischen und Indianer auch. Die Buben haben kleine.

GRÜSSEN Merhaba! Dobar dan! Dobro jutro! Dovidenja! Gülle gülle!

GUT Schulübung kann sein, Hausübung oder Rechenzettel und Ansage. Also gut ist so wie fein wie brav ein bißchen. Noch mehr ist sehr gut. Noch mehr ist Stern. Für zwanzig Stern gibts ein Gutschein. Dann muß man nicht Hausübung machen.

H

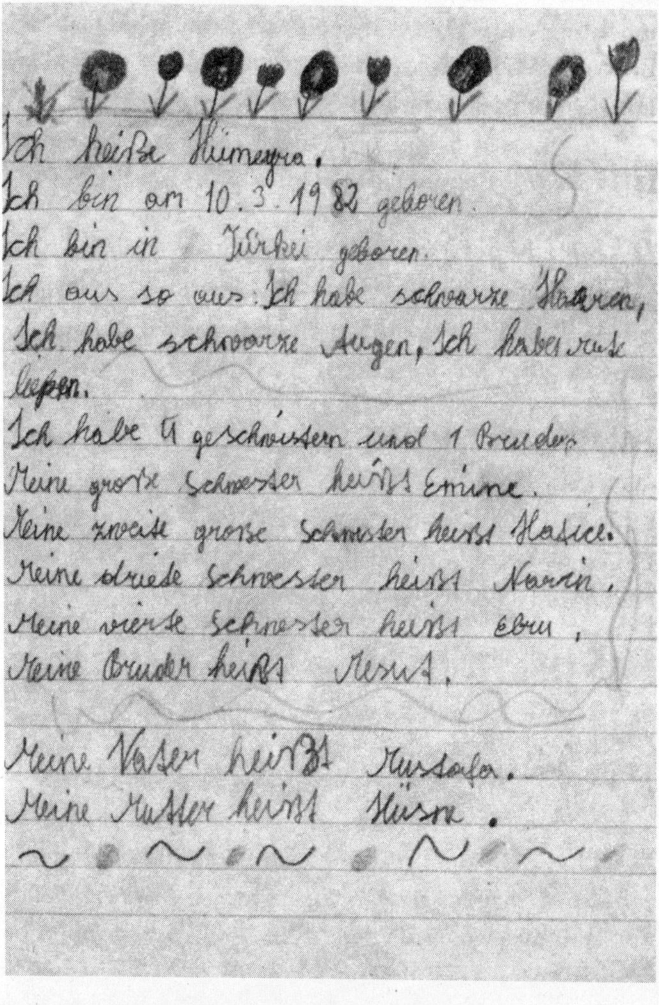

Ich heiße Hümeyra.
Ich bin am 10.3.1982 geboren.
Ich bin in Türkei geboren.
Ich aus so aus: Ich habe schwarze Haaren,
Ich habe schwarze Augen, Ich haben rote
Lepen.
Ich habe 4 geschwistern und 1 Bruder.
Meine grosse Schwester heißt Emine.
Meine zweite grosse Schwester heißt Hatice.
Meine driede Schwester heißt Narin.
Meine vierte Schwester heißt Ebru.
Meine Bruder heißt Mesut.

Meine Vater heißt Mustafa.
Meine Mutter heißt Hüsne.

HAARE Ich habe einmal eine Frau gesehen, bis in die Füße die Haare, bis unter seine Schuhe. Weil die Türken wollen von Kindheit seine Haare nicht schneiden. Ich hab noch nie Haare geschnitten, nur ganz unten. Wenn sie groß sind, dann haben sie bis zum Fuß die Haare. Dann kann heiraten. Manche Mädchen möchten seine Haare schneiden, dann schaut sie wie Bub aus. Meine Schwester hat von Geburt an so viele Haare. Wenn sie ganz alt ist, dann schneidet sie.

HAFEN Bahnhof für Schiffe.

HÄKELN Ist etwas ähnliches wie Stricken, nur kannst du nicht einen Pullover häkeln. Es ist ein Unterschied gegen Stricken. Bei Häkeln machst du nur Löcher und bei Stricken keine, das ist der Unterschied.

HAMMAM Baden, wo man aber nicht schwimmen kann. Zum Beispiel wie Dusche, sehr, sehr warm. Viele Dämpfe kommen raus. Man muß warten, bis der Dreck weggeht. Frauen und Männer tun nicht zusammen. Mensch wird ganz rot und sauber.

HANDSCHUH Ist etwas, wo man die Hände reinstecken kann, aber nur, wenn auf der Hand kalt ist.

HASE Das hat Angst und tut Ecken laufen.

HAUS Da kann man schlafen. Gibts Tisch und Sessel, drei Fenster, Tür, Uhr und Lampe. Mein Haus hat ein Zimmer und eine Küche. Alle schlafen im Zimmer. Alle essen in Küche. Mein Haus ist in Millergasse.

HAUSFRAU Wenn die Mann will Tee, dann bringt sie Tee. Wenn die Mann sagt: Einkaufen! Dann geht sie einkaufen.

HAUSGANS Ist weiß und hat eine rote Mund, und die Hausgans schlaft im Stall mit anderen Tieren.

HAUT Der ganze Mensch hat eine Haut, da drin haben sie Knochen und Fleisch. Der ganze Mensch ist draußen Fleischfarbe.

HEFT Ist aus Tannenbaum, und die Männer lassen das Holz trocknen. Sie hat viele Blätter, ist für Schreiben und manchmal für Mathematik.

HEILIG Maria Theresia oder so. In Schönbrunn ist eine Statue oder so eine Heilige. Heiligenstadt ist heilig und Stephansdom, und der Nikolaus weiß heilige Sachen. Mozart ist vielleicht heilig und Beethoven.

HEIMAT Wo man Kinder kriegt, wo man geboren ist. Meine Heimat ist in Türkei, und ich bin türkisch. Heimat kann auch eine Polen sein oder eine Jugoslawien oder eine Amerika.

HEIRATEN Mit Tier kann man nicht, mit Hund oder Katze. Aber mit Mann kann man heiraten. Bei Hochzeit weint das Mädchen, weil seine Mutter weggeht. Aber sie muß nicht gleich weggehen. Ein Tag bleiben, da gibt man Henna bei Haare, Hände und Füße. Dann geht die Mutter weg.

HENNA Wenn wir schlafen, Mutter macht rote Erde in Hand, und kleine Socken darüber. Am Morgen ist rot geworden. Die Türken machen, wenn heiraten. Die Männer machen, wenn sie Krieg gehen.

HERZ Das Herz schlägt im Bauch. Ist ein Kreislaufsorgan. Wenn ich kein Herz habe, bin ich im Grab.

HEXE Die kann zaubern, die hat einen Zaubereibesen, mit dem sie fliegen kann. Sie hat magische Tricke und schiache Kleider und einen langen Hut oder ein Tuch im Kopf umgewickelt. Sie hat auch Ohren und so Haare wie nasse Haare. Und eine lange Nase, wirklich.

HOCHHAUS Viele Zimmer drin und viele Fenster, Menschen auch. Vielleicht 100 Meter. Schule ist aber nicht so groß. Vielleicht eine Kirche.

HOFER Ist ein Einkaufhaus. Viele Essen und Trinken. In Rumänien nur Brot und Butter ist gut, ist nur neu gut. Brot ist manchmal wie Metall, so alt.

HONIG Die Bienen haben es von den Blumen geholt. Die Biene nimmt mit seinen Beinen den Honig. Es fällt nicht nieder, weil seine Beine sind stark. Sie essen auch selber. Aber richtig essen tun es die Menschen.

HOTEL Wenn man in ein Hotel geht, dann hat man seinen Mann verlassen. In Hotel ist immer Luxus, da kann man Luxus schlafen und essen.

HÖLLE Dort ist nur der Teufel. Wir sollen nicht von Teufel sprechen, dann kommt er hier und bratet jemand.

HUHN Das ist ein Tier für Essen. Die Türken tun immer ein Huhn kochen. Huhn machen sie kaputt und schneiden sie. Den ganzen Körper legt die Mutter ins Wasser. Den ganzen Körper essen wir.

HUT Türkische Hut sieht wie eine Trommel aus, ist aber nicht. Ist ein Tuch umgewickelt, da sind türkische Kugeln aufgehängt, und der ganze Platz ist ausgenützt.

I

ICH Ich bin ich. Ist, was mit mir ist, nur mit mir. Ich komme von Türkei. Ich bin 9 Jahre. Ich bin die Semra. Das ist ich, und du bist nicht ich.

ILYAS Ilyas geht in zweite Klasse. Seine Bruder ist Sükrü.

IMMER Immer ist immer was man tut.

INDIANER Das ist ein Krieger, und er hat viele Federn. Er ist der Chef. Wer ein oder zwei Federn hat, ist nur Indianer. Sie haben Hammer und Pferde und leben in der Wüste. Aber die Indianer sind schon lange vorbei. Mein Onkel war einmal in Jugoslawien Indianer, wie er aufgewachsen ist.

INSEL Zum Beispiel Donauinsel. Da ist Land im Wasser. In Donauinsel kann man auch Picknick machen. Da gibts am Sonntag viele Türken gibts da.

INSPEKTOR Ist so wie eine Polizist, aber anders. Er kann alles machen, wie ein Roboter ein bißchen. Gibts in Fernseher. Gibts Inspektor auch für Kinder, die nicht in Schule gehen, und sie sucht.

I-PUNKT So ein Tupfen oder ein kleiner Ball für das kleine I. Ein Punkt. Im Türkischen gibts oft zwei I-Punkte auf einmal. Für Sükrü braucht man aber vier Stück. Für Güllü auch.

ISTANBUL Ist ein ganz schönes Land. Dort sind so viele Männer und Frauen und Babys. Dort sind viele Geschäfte. Und so eine ganz große Brücke. Wir sind schon durchgegangen mit unserem Auto. Und wir haben alles gekauft, weil alles gibts dort, alles Schöne.

J

2.b

~~Ich~~ heiße Ilyas.
~~Ich~~ Ich bien 9 Jahre
alt. Ich wohne in Eisvo-
gel gasse. Ich habe ein
~~B~~ Bruda.

JAPAN Da haben sie andere Augen. Wie ein Chineser. Bei den Augen so schief. Hund essen sie, Frosch und rote Sterne und Schildkröte essen sie auch und Schlange.

JEANS Die Frau darf nicht in der Türkei, weil das nicht schön ist, weil Allah nicht will. Und keine Leggings, das ist auch nicht schön. Weil wir beten. Und die Frauen mach sich so wichtig, wenn sie Hose haben.

JETZTZEIT Das ist jetzt. Ich gehe jetzt in Park. Aber man sagt nicht immer jetzt. Ich werde in Park gehen. Das ist Vergangenheit, glaub ich.

JOGHURT Wenn man viel essen, dann 200 Jahre. Meine Mutter muß nicht kaufen, sie macht selber. Sie tut die Milch ein bißchen hart machen und dann wieder locker.

JUGOSLAWIEN In Jugoslawien steckt Wien, ganz zum Schluß.

K

Ih heise Kenan Altintop.
Ih komme aus Türkei.
Ih bin 9 jare alt.
Ih gerne Fußball.
spilen das ist lustig.

KAFFEE Ist wie Tee, das man trinkt. Ist wie Aroma mit Wasser zu trinken. Kaffeeküsse gibts, wenn man so viel Kaffee trinkt.

KAKAO Da gibt man Milch und Braunes, ganz kleine Schokolade, wie Salz. Du kannst trinken, schmeckt. Ist wie Kinderkaffee.

KAKTUS Eine grüne Pflanze, das stecht sehr viel, sehr. Es steht manchmal in der Wüste. Kann so groß sein wie ein Baum. Kann aber auch ganz klein sein für ein Wohnzimmer oder eine Klasse.

KALENDER Da sind immer Zahlen, und da sind Jahre, da schaut man, wann ist Montag. Heute ist Dienstag, 9. März eintausendneunhundertneunundzwanzig zum Beispiel.

KAMEL Lebt in einer Sandkiste, so schaut aus. Er hat zwei Hügel mit Wasser. Zwei Jahre muß er nicht trinken. Kamel ist wichtig für eine Wüste.

KÄNGURUH Das kann ganz viel springen, und es hat einen Beutel vor seinem Bauch, da ist ein Kind drin, das kann rausspringen und tut niemand etwas. Wenn das Kind groß ist, paßt es nicht mehr hinein, dann hat es auch einen Beutel und wird eine Mutter sein mit einem Kind.

KARLSPLATZ Ich war einmal in U-Bahn. Da hat jemand Karlsplatz! gerufen. Da sind alle Leute weg. Da muß eine große Stadt sein.

KAROTTEN Wenn man so viel Karotten ißt, dann wächst Gemüse auf der Haut. Nein, wächst nicht, weil hier drinnen keine Erde ist.

KATZE In der Nacht ist sie den ganzen Tag wach.

KAUGUMMI Aus Gummi gemacht und viel Zukker und Aroma. Für Mund. Und alle Leute schmeckt. In Amerika alle Leute immer haben, aber in Rumänien nicht.

KINO Ist wie ein Fernseher in ganz große Zimmer. Es kommen viele Menschen und sehen Filme, wie eine Klasse. Aber es ist vorne kein Fernseher. Da vorne ist ein ganz großes Tuch, und du kannst Filme sehen wie bei Nacht.

KIWI Kommt vom Afrika, nein, Amerika, nein, vom China. Kiwi schmeckt schön und man kann mit Löffel essen oder gleich in Mund geben.

KLAVIER Hat drei Beine, und viele Männer spielen, und ist aus Holz. Ich habe zu Hause, in Rumänien. Hier, ich spiele in großer Kirche, in Marktgasse. Ich spiele ein Klavier, sie heißt Petrof, jeden Tag drei Stunden. Ich mache Bach, Schumann, Händel und spiele do re mi fa so la si do.

KLEE Wächst im Bauernhof und in der Türkei. Wie Rosen, Blumen oder was. Kann auch Glück machen.

KLEID Das ist nur für Frauen. Weil die Männer haben nicht schöne Beine. Zum Anziehen. Zum Tanzen. Ist von oben bis unten schön.

KNIE Ist rund, und man kann es bewegen. Es ist im Fuß, in der Mitte.

KNOTEN Ein Knoten ist so wie ein Kreis. Du knotest eine Schnur. Ein Knoten ist in einer Schnur, sie verbindet, und überall hat man einen Knoten. Auch bei einem Seil hat man einen Knoten wie bei einer Schnur.

KOLUMBUS Er war bis zu seinem Ende der Meinung, er hätte Indien entdeckt. Die Türkei, die gabs schon vorher, vor der Geschichte, die brauchte man nicht zu entdecken.

KOMPONIST Ist ein Mann. Früh ist arm, er will Composito werden, dann geht er in Konzert. Er schreibt Noten. Dann hat er eine große Haus. Und dann macht Sohn. Und Sohn macht auch Komponist. Dann Sohn-Sohn ist auch Komponist. Frau kann nicht, Frau kann Singer werden für Konzert von Mann.

KONDITOREI Ist eine Aida, da gibts Torten und so viele Zuckerln und Schokolade. Da gehen die Deutschen am Sonntag, und die Türken gehen nicht so oft. Die Türken kaufen Eis und sitzen nicht öfters.

KÖNIG Die Frau ist Königin. Wir haben keinen König in Rußland, wir sind freie Leute.

KONZERT Viele Instrumente und ein Dirigent, hervorgehen ein Orchester, und die Orchester spielt zum Beispiel Schubert, Beethoven, Mozart, Bach. Und dann Publikum applaudieren.

KOPFSCHMERZEN Ich glaube, von Fasching, weil es so laut war. Ist weh im Kopf, ist wie schwindlig. Meine Mutter hat alles: Kopfschmerzen, Herzschmerzen, Fußschmerzen und Augenschmerzen.

KORAN Ich kann nur lesen, aber nicht vorstellen. Nur der Araber kann vorstellen, der Hodscha. Was wir dürfen und was wir nicht dürfen. Von hinten lesen, ganz schwer.

KRANK Das ist schlecht sein. Das ist für Bett, ist Kopfweh oder Bauchweh. Manchmal gibts ein Haus, wo man gehen muß. Das ist ein Krankenhaus. Und das Auto ist das Krankenauto, sie nimmt in Krankenhaus. Ich war schon einmal und hab alle Tage geweint. Auch zum Sonntag.

KRIEG Hat mit Saddam Hussein begonnen. Er wollte Ölteppich holen. Alle Menschen töten sie. In Jugoslawien ist jetzt Krieg, in meiner Stadt. Weil die Kroaten eifersüchtig sind, sie wollen, daß die ganze Jugoslawien Kroatien heißt. Nein, weil die Serben die ganze Jugoslawien wollen, Bosnien auch.

KROKODIL Ist grün und lebt in den Sümpfen und im Zoo. Kann Mensch fressen, ist ein Menschfresser, und andere Tiere ißt er auch.

KÜCHE Hat ein Tisch und eine Waschmaschine und so weiter, und alle Menschen können in Küche essen und auch fernsehen. Küche kann aber auch ohne Tisch sein, mit uns zum Beispiel.

KÜCKEN Wenn es ausgewachsen wird, ist es Hahn.

KUNST Wenn nicht echt ist, ist Kunst. Ist oft ein bißchen Chemie. Coca-Cola zum Beispiel ist nur Kunst oder Kaugummi und Gummibären. Kunst ist nicht gut für Körper.

KURDEN Ist kein Türkisches. Sie leben in Iran und auch in Türkei und können ein bißchen Türkisch. Manche sind tot, einige sind auch in Österreich. Meine Opa und Oma, die können Kurdisch, mein Papa auch ein bißchen schlecht.

KUSIN Von meine Vater seine Bruder Kleiner. Wie ein Bruder, aber kein echtes, kein wirkliches. Ein Kunstbruder. Mädchen heißt Kusinerin.

KÜSSEN Weil sie sich lieben. Wenn man heiratet, küßt man auch. Wenn man berühmt ist und reich.

L

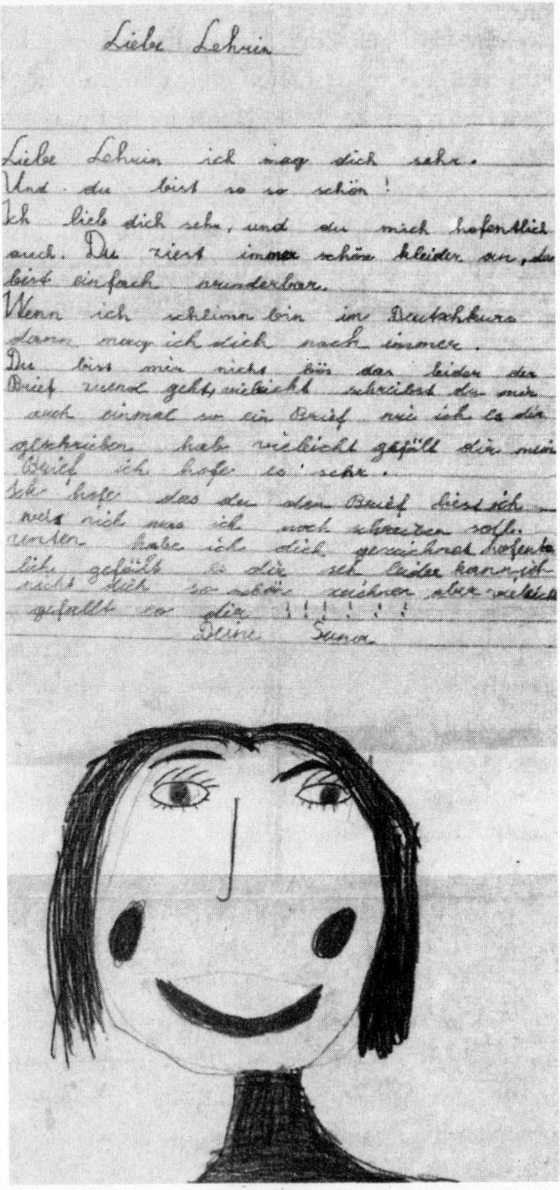

Liebe Lehrin

Liebe Lehrin ich mag dich sehr.
Und du bist so so schön!
Ich lieb dich sehr, und du mich hofentlich
auch. Du ziest immer schöne kleider an, du
bist einfach wunderbar.
Wenn ich schlimm bin im Deutschkurs
dann mag ich dich noch immer.
Du bist mir nicht bös das leider der
Brief zuend geht, vielleicht schreibst du mir
auch einmal so ein Brief wie ich es dir
geschrieben habe vielicht gefällt dir mein
Brief ich hofe es sehr.
Ich hofe das du den Brief liest ich
weiß nich was ich noch schreiben solle.
unten habe ich dich gezeichnet hofent-
lich gefällt es dir ich leider kann ich
nicht dich so schön zeichnen aber vielleicht
gefallt es dir !!!!!!
Deine Suna

LABYRINTH Ein Weg, welcher hat viele Straßen, welche sind gekreuzt. Gehst du und dann kannst du nicht weiter, weil es Fallen gibt, und du mußt richtige Weg finden bis zu deine Haus. Ist fertig, dann bist zu Hause.

LACHEN Ein Kind kann lachen, und ein Mensch kann lachen. Die Katze kann vielleicht lachen, wenn sie Lust hat. Das Umgekehrte vom Lachen ist für Weinen.

LAND Ist ein Besitz von Bauern. Meine Mutter hat ein kleines Haus, eine Datscha, nicht in Moskau, in der Nähe von Moskau. Viele Leute haben. Sehr klein. Haben Sie keinen Besitz? Vielleicht in Salzburg, wo Sie in Ferien gehen können.

LANDKARTE Alles steht, alle Straßen. Du weißt nicht, wie gehst du 6. Bezirk, dann Landkarte schauen und gehen. Türkei, Polen, Ungarn, alles ist da.

LANGWEILIG Wenn man keine Freund hat. Wenn es heiß ist, wenn müde ist, wenn du nur schreiben mußt. Dann ist alles lang.

LAUB Alle Blätter zusammen geben, dann wird ein Laub.

LAUS Kann im Kopf gehen. Wenn eine tot ist, dann kommt noch eine. Unsere Frau Direktor kann ganz gut sehen, ob Laus kommt oder nicht. Sie ist so weiß. Wir brauchen dann ein Shampoo. Dann ist Laus wirklich tot geworden. Alle.

LAUSBUB Macht seine Vater böse, seine Mutter auch. Lausmädchen? Das ist vielleicht so wie eine Hexe.

LAUT Immer in Pause, wenn die Kinder laufen. Schweine sind laut und Autos, und Radio kann laut sein, sehr.

LAWINE Weil auf einem Berg ein Schnee ist, der rollt und rollt, wird so groß wie Haus. Wenn es auf jemanden steigt, dann wird es töten.

LEBEN Leben ist eine Welt. Ich lebe jetzt, heißt, daß ich in diese Land bin, daß ich wohne.

LEDER Was außen von einem Tier wird sein. Von ein Schaf kriegt man Leder, wenn es tot sein wird, oder von Elefant. Leder brauchen die Menschen für Schuhe, damit der Fuß was zum Anziehen hat.

LEER Ist bei Flasche oder Glas, wenn du eine Flasche verkehrt machst, und nichts mehr gibt.

LEHRERIN Du bist. Auf Deutsch? Von Deutsch? Aus Deutsch? Aber du bist keine richtige. Du bist nur Deutschlehrerin. Unsere Lehrerin ist aber echtes Lehrerin.

LEICHT Du kannst schnell tragen. Leicht ist ein Blatt oder eine Schulübung, oder ein Heft kann leicht sein.

LESEN Kann man mit Buch oder Tafel, kann auch eine Zeitung sein. Du liest mit deinen Augen, sonst kannst du nicht sehen. Du brauchst deine Augen zum Lesen. Lesen ist ganz schön und macht erfinderisch.

LETZTER Kann nicht erster machen, bei Turnen und bei Anstellen gibt es immer einen letzten, bei Schlafen aber nicht.

LICHT Etwas, wo man gut sehen kann. Am Tag kommt das Licht von Sonne, in Nacht von Autos. Da kann Maus sehen, welche fliegen kann. Eule auch, sie mag nur Nicht-Licht.

LIEBE Wenn man liebt, dann spricht man nicht mehr. Ist für Heiraten. Da spazieren sie zusammen in Park, dann kauft der Mann der Frau ein Kleid und Gold und Ohrringe. Dann gehen sie zusammen in eine Hochzeit. In der Nacht gehen sie Abend essen, dann küssen sie sich und schlafen zusammen in einem Bett. Dann macht die Frau ein Frühstück mit Tee, und der Mann geht in die Arbeit. Dann klingelt er und sagt: Ich bin gekommen. Und die Frau nimmt in seine Arme.

LIEBESBRIEF Ob man mag oder nicht. Ob er schön ist oder nicht. Ob er groß ist oder nicht. Kann man schreiben, was die Haare sind, die Lippen. Ob rot oder nicht.

LIFT Wenn Mensch die Füße weh tun, und er kann nicht die Treppe rauf, und deshalb ist der Lift, damit er nicht gehen muß, weil er ganz schnell wie mit Auto hinaufgeht.

LIPPENSTIFT Ist aus roter Kreide. Zum Schmücken. So rot wie du, aber Türkenfrauen nicht so oft. Die Frauen können aufsetzen, die Männer nicht.

LOCH Wenn etwas zerrissen. Ein Socken kann ein Loch haben, eine Hose, ein Kleid, vieles andere kann ein Loch haben. Wenn irgendetwas ein Loch hat, muß man zusammennähen, aber nicht mit Uhu oder Tixo.

LOCKE Meine Mutter hat. Ist nicht so gerade im Haar. Ist so wie Welle, nein, so wie Schlange.

LOTTO Lotto ist, wenn du in einem Papier ankreuzen kannst. Du mußt ein X machen und du kannst manchmal gewinnen, du kannst Millionen gewinnen. Wie im Millionenrad.

LÖWE Ist wie ein König. Ist herrisch. Herrisch ist Patriat sein. Aber der Löwe heiratet ja nicht.

LÖWENZAHN Blasen, dann die ganze Blume fliegt. Eine Fliegerblume.

LUFT Da kann man was ausblasen. Aber sehen kann man nicht. Licht bei Kerze geht weg. Das sieht man.

LÜGE Das ist, wenn jemand etwas redet, was nicht stimmt. Der Oberste, der sagt, was Lüge ist, ist Gott. Gott weiß alles.

LUSTIG Ist für Lachen. Wenn ganz, ganz lustig, dann weinen sie. Meine Vater hat einmal gelachtweint.

LUXUS Ist für Hotel. Da gibts Luxusessen und Luxusschlafen. Alles ist mit Gold und Diener. Wie in Könighaus.

M

Liebe zweites Mutter
Ich wünsch Dir Glück und Fröhlichkeit
die Sonne soll Dir lachen!
So gut ich kann und allezeit
will ich dir Freude machen.
Das wollte ich dir sagen.

MALER Malt immer Häuser. Der hat auch Hut und Schuhe, alles ist weiß. Ein Mann ruft, und der Maler malt. Dann ist das Haus wieder schön und weiß, aber unsere Haus ist schiach.

MANN Eine Mensch, eine große Mensch, kann man heiraten. In Türkei kann Mann zwei Frauen haben, manchmal aber nur. Eine Frau ist in Österreich und eine Frau ist in Türkei, und der Mann ist in Türkei und Österreich.

MARIAHILFER STRASSE Ist zusammen 6. und 7. Bezirk, ist zwei zusammen.

MARKT Dort ist viel Gemüse, Obst, Apfel, Orange, Karotten und noch mehr. Naschmarkt ist auch ein Markt. Dort gibts Männer und Frauen, die verkaufen alle möglichen Öbste verkaufen sie.

MARMELADE Kann man mit Feigen machen oder mit Zwetschken oder Beeren. Zuerst gibt die Mutter in Herd und dann in Glas. Und dann muß noch warten, bis wir essen können. Schmeckt schön, rot oder blau oder manchmal ein bißchen gelb.

MASKE Hinten ist Gesicht und dann ist Maske, ist wie zweite Gesicht, aber kann eine Prinzessin sein oder ein Zorro.

MEER Es gibt Fluß, See, Meer. Meer, da kann man alles schwimmen. Die Türkei hat drei Meere. Wien hat nicht, aber Donau. Ich habe Donau geschaut in Jugoslawien. Geht von Deutschland, von Österreich, von Jugoslawien, dann geht ins Meer. Nach Amerika? Aber mit Fluß kann man nicht schwimmen. Ist viel Gefahr. Meer, dort kommt die Sonne, und dort gehen die Männer und holen Fische.

MEERJUNGFRAU Ist wie ein Fisch und eine Frau. Sie kann Füße machen oder Flossen. Wenn ein Coca-Cola oder Fanta auf sie fällt, dann wird Flossen.

MELONE In Türkei ist urviele. Eine Melone kann in Türkei so groß sein wie zwei Kopf zusammen. Drinnen ist Rotes und kleines Schwarzes, wie im Apfel so klein.

MENSCH Kann leben. Sie haben Körper und Körperteile. Mensch ist nicht gleich wie eine Frau. Und niemand sieht wie ich aus. Und jeder Mensch spricht ein bißchen anders. Zum Beispiel der spricht dünn. Und der spricht dick.

MESSE Die Österreichischen gehen, wenn Ostern kommt oder Weihnachten, dann ist Schulmesse. Sie messen vielleicht für ihre Gott. Sie tun wie wir in der Moschee ein bißchen. Aber für Messe läutet Glocke. Bei unsere singt Muezzin, aber nur in Türkei. Messe ist gut für dann, wenn du tot bist.

METER Ist eine Messung. Damit kann man, wieviel Meter du bist, messen.

MICKYMAUS Ist von Amerika. In Paris gehen Mann und Frau mit einem Mickymauskostüm in Park, das ist wie ein Prater. Ist wie Fasching auch ein bißchen.

MIETE Jeden Monat muß man Geld geben. Unsere Haus gehört T. Die wollte uns rausnehmen. Unser Hausmann will immer 3000 Schilling für ein Zimmer. Da ist alles drinnen. Bett und Tisch und Küche, Klo aber keine. Wir zahlen 3000 Schilling für Zimmer und Küche. Ein Zimmer kostet 1500 Schilling und die Küche auch.

MILCH Ist weiß und kommt aus der Kuh. Man kann sie mit der Hand nehmen, oder es gibt auch Maschinen, kann man auch nehmen.

MITTE Wenn da ein Kreis ist, dann ist eine Mitte ganz drinnen, da ist viel Platz. Eine Mitte ist bei der Ente auf dem Bauch, zwischen den Füßen, mit den Federn, dort ist die Entenmitte.

MIXER Macht alle Sachen durcheinander, die man für Kuchen braucht. Ist laut und wie eine Maschine. Wenn Mixer aus ist, dann gibt man in Ofen. Und dann kommt fertig raus.

MODE Mode ist eine Werbung, und sie ziehen viele schöne Kleider an, ganz schöne Kleider ziehen sie an. Und die Frauen sind schön, alle.

MODERN Ein kurzes Rock ist modern. Modern ist, wenn ein Kleid oder ein Rock ganz schön paßt. Die türkischen Frauen haben nicht viel modern.

MOND Der Mond ist ganz oben. So ähnlich wie eine Sonne oder ein Stern. Du siehst nur in der Nacht. Dort ist keine Luft, keine Blumen und Tiere. Aber Steine. Mondsteine. Einmal ist schon Mensch gewesen, ein Mann. Er hat Steine genommen und ist wieder auf die Welt gekommen.

MOOS Wie eine Wiese, bißchen weicher. Kann man rausziehen, kann man pflücken, kann man liegen, wunderbar.

MOSCHEE Gotthaus, aber unser Gott ist groß. Wo man beten kann, wo man Koran lesen kann. Gibts ein Zimmer für Buben und eines für Mädchen. In Wien gibt es auch, in Hornbostelgasse. Ist aber nur Haus. Im 22. Bezirk gibt es richtige Moschee, mit Turm.

MOZART Ist ein Mann und spielt Klavier mit vier Jahre und viele Konzerte. Er geht zu König und spielt zu König. Der König sagt: Sehr gut. Mozart schreibt Noten, zehn Hefte mit Noten. Er ist mit 37 Jahre tot. Ich spiele ein Heft Mozart, Sonaten und Sonatinen, große und kleine.

MUND Ist für Essen und für Trinken, also ein Mund ist kein Mond und kein Hund. Aber sie kann rund sein, wenn du ein O machst, so rund.

MUSCHEL Das hat hinten und vorne solche Rollen. Sie hat auch ein Loch wie ein Strich. Sie ist im Meer und im Boden vor dem Meer.

MUSEUM Da gibts alte Stücke, Instrumente und Porzellan, gebaut von allen. Im Museum gibt es auch Polizist, der sieht alles. Da ist immer so ein Seil, giftig vielleicht, wenn man angreift. Wir waren bei der Mozartgeige. Flugzeuge sind dabei, auch Stücke von früher.

MUTTER Ist eine Mutter, wie man das Kind pflegt, und muß ihm Futter geben. Ist eine Frau, kann nicht Mann sein, und die ist lieb zu dem Kind. Sie kocht, sie tut waschen und bringt ins Bett.

MUTTERSPRACHE Mama. Sprache, woher die Mutter kommt. Sie weiß die Sprache. Vatersprache ist die gleiche, vielleicht könnte es eine andere sein. Die Mutter spricht das Kind an, und das Kind kann sprechen, türkisch oder jugoslawisch oder. Deutsch ist meine neue Zunge.

MUTTERTAG Ist ein Fest für eine Mutter. Und jede Mutter in der Welt bekommt Blumen und eine Überraschung. Und wir schreiben ein Brief, wo du auch zeichnen kannst. Ein Herz mit Blumen.

N

NACHT Da ist Mond. Die Sonne ist hinter die Erde gegangen. Alles ist schwarz und wieder schwarz.

NACKT Ist ohne Kleid, ist ganz ohne alles, ist schön für Mann. Halb nackt ist, wenn Turnen ist. Da ist viel Fleischfarbe.

NAME Also mit den Namen ist das so: Ein Bub heißt zum Beispiel Wladimir, der Vater. Das Mädchen heißt dann Wladimirowa, weil Geschlechtsname, aber es gibt auch noch den Namen von der Mutterseite. Name ist, was man in dieser Welt ist. Mit Namen kann man rufen oder holen: Duran, Emre, Marina, Sükrü, Ilyas, Güllü, Gökhan, Bahar, Mahmut, Gönüel, Savas, Xiao-Su, Ferdane, Özlem, Sladjana, Derya, Agata, Sefedin, Filiz, Semra, Salih, Ilker, Suna, Biljana, Boban, Burhan, Saša, Kenan, Wladimir, Silvija, Marija, Esma, Hümeyra, Semra, Ranko, Ramasan, Hilal und Tadzedin. Nachname braucht man für eine Familie, damit man weiß, und der Vorname ist zum Beispiel Duran. Familienname ist dann Altintop. Oder Marina und, nein, bitte nicht.

NASE Eine Nase ist im Kopf, und es ist wie ein Strich. Nase bohren und essen, das ist aber Umweltverschmutzung.

NASS Wenn Wasser kommt. Wenn etwas trinken und fallen, ist naß. Wenn alles naß ist, dann ziehen die Menschen etwas Neues an. Eine Milch ist naß und eine Vanillemilch oder ein Kakao. Deine Kaffee.

NERVEN Du gehst auf meine Nerven. Auch Kinder haben Nerven, das ist im Körper drinnen, aber nicht wie Blut oder Knochen.

NEUES JAHR Du bist alt und alt geworden. Daß ein Jahr vorbei ist. Ist Silvester, das ist der Name, wo Neues Jahr kommt. Da machen die Menschen viel Freude.

NIEDERÖSTERREICH Das ist so ein schönes Land, ist von Wien weg. Ist unten und Oberösterreich ist oben. Und dann ist Österreich.

NIEMAND Kein Mensch ist nicht da, und man kann ihn nicht sehen, das ist niemand.

NIGERIA Ist in Afrika. Ich war einmal in Nigeria. Ich schaue Delphine in Ozean. Dort gibts kein Winter, kein Schnee, kein Regen. Dort ist alle Sonne. Ich bin geschwommen in Ozean. Ich habe eine Freund. Er ist schwarze Mann. In Afrika alle Menschen haben draußen schwarz.

NIKOLAUS Kommt aus dem Wald und klopft in die Tür. Dann wird es weihnachtlich. Er bringt Schokolade und Nüsse und sagt etwas Schönes und dann geht er wieder in Wald.

NUSS Das macht man auf mit Messer oder Mund oder Stein, wie in Türkei. Der Nußbaum macht Nüsse. In Österreich Nikolaus bringt.

O

Ich heise Gönül mein nach
name ist Özen.
Ichich hab eine schwester
re.
Ich habe sneei Schwesta und
sneei bruda.
Die name Leyla Elif Ahmet
und Gökhan.

OBSTGARTEN Da wachsen Öbste, wie Apfel, Birnen, Kirschen und noch andere. Obstgarten kann man auch kaufen, das ist in so einer Schachtel. Kostet 8 Schilling oder wieviel.

OFEN Ist wichtig für Körper, damit man gesund bleibt. Wenn man kein Ofen hat, dann bleibt Körper nicht gesund.

OHR Womit man hören kann, wenn die anderen etwas sagen. Wenn die Mutter etwas sagt, und dann das Kind etwas sagt, dann hat es jedenfalls ein Ohr. Es ist hellrosa. Und jeder hat zwei Stück.

OHRRINGE Zum Ohr schön machen. Weil da viel Platz ist, da ist es weich. Mit Eisen oder mit Gold gemacht. Die Buben können auch, wenn sie klein sind, aber immer nur ein Stück. In die Nase machen die Indischen. Die Loch tut gar nicht weh. Man kann öffnen und wieder zumachen.

OLIVEN Meine Oma hat so kleine Baum, so viele Oliven. Essen mit Tee und Brot, immer in der Früh. Aber ein Jahr bleiben sie in Schachtel, dann kann man essen. Dann schmeckt.

OMA Mutter von Mutter. Meine Oma geboren russisch. Elisabeta, sie singen in Rußland, dann Krieg, und eine Deutsche macht meine Großvater tot. Dann Oma geht in Donau, in diese Dorf in Rumänien. In diese Ripa-Dorf.

ONKEL Meine Vater seine Bruder oder meine Mutter seiner. Ich habe sechs Stück, drei sind in Austria. Meine Schwester sein Mann ist auch Onkel. Sie wohnt in Kabinett. Drei Onkel sind tot in Türkei.

OPER Ist eine Singmusik mit viel Männer. Aber die Rumänienmänner singen schlecht, auch Amadeus Mozart. Ein Pavarotti kommt nicht in Rumänien. Ein Pavarotti ist ein Mann und jetzt singt er alles, in alle Stadt. Er singt in Amerika, und alle machen Applaus.

OPFERFEST Ist Schaf schneiden. Im Sommer kriegt man sein Blut, dann gibt es Mut. Wenn Ramadan aus ist, dann ist noch ein Monat. Also: Ein Prophet hatte kein Kind, aber mit einer anderen Frau ist Kind geworden. Da hat er Kind genommen und Gebüsch gesammelt und ist zu Berg gegangen. Die Augen gebunden, aber das Messer wollte nicht schneiden. Dann ist mit Engel Schaf gekommen, dann hat er Schaf geschnitten. Deshalb ist Opferfest. Man muß Schaf schneiden, jeden Sommer. Nicht Kind.

OSTERN Da gibts Eier, da kann man was zeichnen, eine Ente oder eine Blume. Einmal hab ich auf die Osterei ein Papagei gezeichnet. Im Osterhasepark, dort kann man auch trinken. Einmal ist eine Osterfrau gekommen und hat Eier gelegt, unter die Baum und Blumen. Dann ist auch Ostermännchen gekommen und hat Eier geschenkt. Wirklich.

ÖSTERREICH Eine Land, da ist ein schöne Land, und Wien ist eine Stadt. Wien ist auch schön.

Deutschland gehört auch zum Österreich und Linz, Wien, ich weiß nicht, was noch gehört.

ÖSTERREICHER Die Österreicher wohnen in Österreich. Ich glaube, die Österreichischen sprechen anders, zum Beispiel nicht so schön. Aber die Sprache ist schon gleich, fast, wie die Deutschen, so sprechen sie. Aber die Deutschen haben alle gelbe Haare.

OTTO Ist ein Name, ist für Bub, österreichische. Otto schreibt man von hinten und vorn gleich. Man kann die Name umdrehen, und es macht nichts. Otto ist immer gleich.

P

PAAR Zwei gehören zusammen, immer. Nicht ein Paar Tische. Ein Paar Augen. Ein Paar Zähne. Mann und Frau, die geheiratet sind. Zwei Stück.

PALME Amerikabaum. Inselbaum. Kokosnußbaum.

PAPAGEI Mein Papagei zwei Jahre lernen sprechen, alles Jugoslawisch. Nicht lachen, weil er kein Mensch, aber sprechen wie Mensch, wie du und ich. Er ist jetzt tot. Viele, viele Worte kann sie.

PARALLELAKTION Alle schreiben im Heft und du im Tafel.

PARFUM Es gibt auch Mannparfum, weil sie manchmal stinken. Die Frauen stinken aber nicht, und die Männer wollen nur schön riechen, damit die Frau gefällt.

PARK Du kannst Fahrrad fahren und Blinde Kuh spielen. Nein, da sind ja Bäume, da kann man abstürzen. Gibts Ball, Sandkiste, Rutsche. Mollardpark, Stumperpark, Osterhasepark gibts. Da kann man auch Essen mitnehmen und Picknick machen. In Park sitzen türkische Frauen. Ist wie Fraugarten.

PATRIARCHAT Daß die Frauen nicht besser können als die Männer.

PAUSE Es gibt Klopause, Eßpause und Spielpause. Um 9, 10, 11 oder 12, wenn bis 1 ist. Die Frau

Lehrerin ißt immer eine Apfel und sitzt. Wenn Pause aus ist, dann ist wieder richtig Schule.

PFEFFER Ist böse und wie Sand so eine Farbe. Damit Essen hochspringt.

PHILOSOPHIE Viel so viel, so viele Bücher, so viele Seiten, so viel denken, so viel Kopf.

PIDE Wie eine Torte so rundes Brot, türkische. Pide ist mit Gelb, mit Braun außen vermischt.

PLAN Jede Stadt hat einen Plan. Wien, Türkei, Irak, Frankreich und alle. Auf dem Plan stehen die Bezirke von ganz Österreich.

PLATZ Im Heft muß man Platz machen zwischen Worte. Daß da nichts ist, was man lesen kann, was vor dem Wort ist und hinter. Platz lassen sie nach der Überschrift und für ein Punkt. Ein Platz ist dann weiß. Mit Tintenkiller kann man wieder Platz machen, dann ist alles weiß.

PLOMBE Ist so wie Stern im Zahn. Ist Gold oder Eisen, Silber. Zuerst tut Zahnarzt Loch machen, dann kommt Plombe. Mein Vater hat zwei Goldbomben.

POLIZEI Die schützen mich für Geister. Ist für Ruhe in Stadt. Oder wenn Krieg ist. Es gibt auch Kobra, die ist noch mehr Polizei. Die war schon in unsere Haus, sie hat ein Mann mitgenommen.

POLSTER Ein Polster hat Watte drinnen und einen bunten Deckel, und man kann damit auch schlafen.

POMMES FRITES Das ist nicht süß, ist wie Kartoffel so schmeckt und ist gelb, wenn meine Mutter macht, ist sie braun, und es sind viele.

POSTKARTE Ist aus Papier, und es ist kein Brief, sondern eine normale Karte, und man kann seine Absender schreiben und seine Adresse und seine Namen und seine Straße und seine Telefonnummer und zum Schluß kann man Herz malen.

PRATER Ist im 2. oder 3. Bezirk. Dort gibts große Spielzeuge. Karussell, Geister gehen durch ein Haus, und man kann auch gehen. Es kostet fast alles mit Geld. Da ist Würstelprater, da kann man auch essen und Coca-Cola trinken.

PRINZESSIN Schöne Frau und die sitzt in einem großen Sessel und sie sagt zu Mann: Hol mir eine Tasse Kaffee! Dann bringt die Mann so viel Essen. Da sind auch arme Leute, aber die Prinzessin will nicht. Sie will mit einem Mann heiraten, der schön ist und nicht arm.

PROBE Ist immer mit Rechnen zusammen, ist eine Rechenprobe. Da müssen die Kinder für sich rechnen und für die Lehrerin. Er schaut, ob toll ist oder nicht.

PROBLEM Etwas geht nicht, etwas ist problemisch. Etwas will nicht so machen, wie du willst. Wo ist das Problem? In einer Rechnung kann ein Problem sein oder in einer Pause.

PROFESSOR Ist so ein gescheites Mann, ist oft in Fernseher. In Gymnasium gibts auch. Selma hat viele Professör. Deutschprofessör kann vielleicht mehr Deutsch als du.

PRÜFUNG Also meine Mutter ist bei der Chemie durchgegangen. Man kann auch bei der Biologie durchgehen oder bei der Physik. Also bei der Universität.

PURZELBAUM Ein Turnzeug braucht man. Wenn man Purzelbaum macht, muß man die Hände rückwärts geben, macht man bei Matte, dann ist fertig.

PYRAMIDE Gibt es in der Türkei, nein, in Arabien. In Ägypten. Tote Menschen sind drin, in einer menschengroßen Maske. Solange der Gottkönig oder der Pharao lebt, übernimmt sie die Aufgabe eines Schlosses beziehungsweise eines Palastes. Dann wurde sie zu einem Grab.

Q

QUADRAT Für Wiese zum Rechnen, wieviel Quadratmeter ist. Hat vier gleiche Ecken und ist überall gleich lang. Zum Beispiel Auto ist nicht Quadrat oder Lampe oder Banane. Schokolade kann sein.

QUAKSI Ist im Fernsehen, ist ein Frosch, der Sonne machen kann. Wenn oben, ist schön. Wenn unten, ist schiach. Quaquaqua. In deine Kasten gibts zwei Stück Frosch. Sind wie nicht tot.

QUAL Ist vielleicht eine Wahl oder etwas mit Saal, oder ich weiß nicht.

QUELLE Es platzt auf. Im Berg. Und Wasser kommt.

R

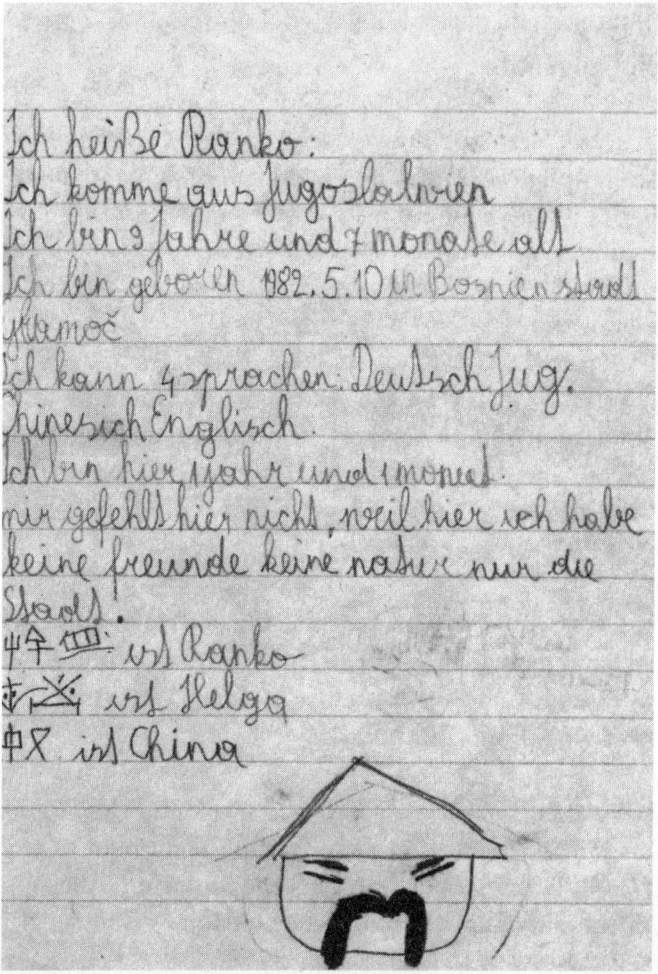
Ich heiße Ranko:
Ich komme aus Jugoslawien
Ich bin 9 Jahre und 7 monate alt
Ich bin geboren 1982.5.10 in Bosnien stadt
Gramoč
Ich kann 4 sprachen: Deutsch Jug.
Chinesich Englisch.
Ich bin hier 1 jahr und 1 monat.
mir gefehlt hier nicht, weil hier ich habe
keine freunde keine natur nur die
Stadt!
[illegible] ist Ranko
[illegible] ist Helga
中[illegible] ist China

RADIERGUMMI Hat zwei Formen, einen orangen und auch einen blauen.

RADIO Wenn Menschen tot, dann sagt die Radio. Mein Vater hört immer. 40 Kurden ist tot, dann sagt. 100 Kinder ist tot, dann sagt auch. Umdrehen und umdrehen, dann kommt Türkisch, Arabisch, Kurdisch, alles kommt.

RAND Ist fast draußen, ist fast neben dem Heft. Also wenn du schreibst und nicht aufhörst, und dann ist da der Rand, und dann ist schon vorbei, und du bist draußen. Und das Heft ist da. Also ein Apfel kann auch ein Rand haben, das ist seine Decke, und das kann man auch essen.

RAPUNZEL Ist ein Mädchen, von dem es eine Geschichte gibt, die gelbe Haare hat. Sie lebt in einem Schloß, und die Haare sind so lang wie eine Gasse, wie Sonnenuhrgasse. Die Fee schneidet seine Haare, weil ein Mann ist hochgegangen.

RÄTSEL Wo man sagt, was jemand fragt. Von Rätsel kann man auch Buch machen. Du fragst, und Kind muß sagen, und du schreibst in deine Heft, und von Heft wird Buch, Rätselbuch.

RAUFEN Ist kämpfen, weil ein Mann sich ärgert auf jemanden, weil er sagt Trottel!, dann haut er sie. Mädchen tun nicht, weil sie nicht stark sind. Aber ein bißchen auch, aber sind immer letzter.

RECHENBUCH Ist wie ein Buch, und drinnen sind immer Nummern drinnen, und die Kinder rechnen in der Schule oder zu Hause. Aber zuerst mußt du aus dem Kopf rechnen und dann in Buch schreiben.

REDEZEICHEN Man spricht, dann ist Pause, glaub ich. Wie Beistrich, zwei Stück, man kann oben machen, man kann unten machen. Wenn du oben machst, bist du fertig mit Reden, beim Schreiben.

REGEN Wasser, so klein, kann man schlecht sehen. Wie Punkt. Geht vom Himmel herunter. Wenn wir schlafen, dann hört Regen auf, und morgen ist Sonne, Regen ist aus, und wir gehen in die Schule.

REICH Man kann sich alles kaufen, was in der Stadt ist. Oder wenn ein Kind reich ist, dann kann es sich ein Barbiehaus kaufen. Und dann hat es noch immer Geld.

REISE Bei Reise schaut man an, was es in der Welt gibt, und dazu braucht man Zeit. Wenn nicht Zeit, geht nicht. Wenn Geld nicht, geht auch nicht.

RELIGION Da gehen wir in Deutschkurs. Die Frau Religion ist oft krank.

REST Es gibt Papierrest, wenn man schneidet, dann gibts Rest, ähnlich wie Stücke. Rest gibts auch von Stoff oder Brot oder Radiergummi oder Spitzer. Rest kann man in Papierkorb geben.

RIESENRAD Da kannst du alle Bezirke sehen. Wie so kleine Häuser, da steigen Männer und Frauen, die gehen rauf und runter. In einem großen Kreis. Das Riesenrad gibts im Prater, da war ich schon mit meinem Vater.

RINGSTRASSE Ist wie ein Straße, wie ein Ring um die Häuser, in 1. Bezirk. Da gehen Straßenbahn und Autos und Radfahrer, und manche Häuser sind wie ein Schloß oder eine Burg. Oper zum Beispiel, Parlament, Rathaus, Museum, Burgtheater, Universität und Börse und andere. Maria Theresia sitzt auch da, ganz in Stein.

ROMAN Zuerst ist ein Buch, und dann kann man Film machen. Ist nicht für Kinder. Aber Rotkäppchen ist auch ein Roman.

RÖMER Die hatten ganz kleine Betten, weil sie sitzend schliefen. Gekriegt haben sie viel und sie lebten in Lagern. Und sie haben sehr viel alkoholige Sachen getrunken und im Liegen gegessen. Das Essen war für sie romantisch, sie haben Tage und Wochen gegessen. Weil sie so viel gegessen haben, sind sie so früh gestorben. Cäsar war der wichtigste Römer. Seinen Neffen nannte man Octavian, aber er hieß Augustus. Davon kommt der Name August.

ROSE Eine Rose ist rosa und rot ist eine Rose, das ist egal. Und man kann die Rose gießen und natürlich pflegen, und wenn sie geblüht ist und gepflegt oder nicht, wenn du willst, nur wenn du willst, dann kannst du die Rose auch pflücken.

ROTKÄPPCHEN Ist nicht nur rot. Sie hat auch so ein Muster und eine Schürze. Zuerst geht sie in den Wald, aber der Wolf hat die Großmutter geschluckt, die Rotkäppchen auch. Und dann nimmt sie Jäger raus. Und der Wolf wird tot sein. Dann essen sie Wein und Kuchen. Und dann tanzen die Rotkäppchen und seine Großmutter und seine Mutter natürlich auch. Und böses Wolf ist sehr tot.

RUMÄNIEN Mit Auto muß man acht Stunden gehen. Ein Brot ist 50 Lei, und die Beine und die Ohren und die Mund von Schwein ist 700 Lei, und ein Schwein ist 12 000 Lei. Aber Schwein ist nicht schön, Fuß und Ohr von Schwein schmeckt nicht. Die Rumänienmänner essen auch Augen von Kuh.

S

Ich heiße Semra.
Ich bin 7 Jahre alt.
Ich komme aus der Türkei.
Baum
Blume
Blume

SAAL Da kann man Hochzeit feiern. Tanzen. Ball. In einem Haus auf Naschmarkt gibt es ganz oben so einen Saal. Ganz schön. Zum Turnen gibt es auch Saal. In der Schule, ist immer ganz unten.

SACHUNTERRICHT Man lernt alles: Gemeinde, Bäume, wie die wachsen. Rathaus, da wohnt der Bürgermeister, da steuert man die Hunde. Das ist Geldsteuer. Die Gemeinde steuert alles: Essensteuer, Trinkensteuer, Schulsteuer, Spitalsteuer und Begräbnissteuer, damit jemand weiß, daß er gestorben ist. Lernst du so von Wald und Straßen, wo geht die Straße und so weiter.

SACK Wenn die Hände voll sind, dann kann man reingeben.

SALZ Wenn man drei oder vier Löffel Salz ißt, dann wird man tot sein. Ohne Salz kann man nicht essen. Aber immer nur ein bißchen. Salz gibts im Meer. Wie das Salz ins Meer kommt, das kennt keiner.

SARG So wie eine Kiste, kommt Mensch hinein, ist aber tot. Kommt in die Erde, und dann geht Körper weg, und bleibt nur Knochen übrig.

SATT Wenn du nicht mehr essen willst, wenn die Bauch ganz voll ist, dann kann man satt sein, wenn du nicht mehr Hunger bist.

SATZ Ist ein Name, ist eine Geschichte, ist nicht nur ein Wort. Wo viele Wörter sind und viele Buchstaben, große und kleine. Am Ende ist immer ein Name, nein, ein Punkt, ein Schlußpunkt. Du schreibst jetzt so, und das wird dann ein Satz. Zum Beispiel: Lisa ist im Haus. So eine Geschichte, das ist ein Satz.

SCHAF Es gibt Mama-Schaf und Papa-Schaf und Bub-Schaf und Mädchen-Schaf. In Türkei urviele.

SCHATTEN Da sieht man sich selbst auf dem Boden, ein Teil von dir. In der Nacht ist er weg. Er ist schwarz, und die Nacht ist schwarz. Zweimal Schwarz sieht man nicht.

SCHATZ Ist Gold, das leuchtet. Das heißt auch noch: Du bist nett. Schatz sagt man die Frauen, das ist, wenn man verliebt ist.

SCHEITEL Ist ein Strich im Kopf, da gehen die Haare auseinander und dann bleiben sie so.

SCHERE Ist wie zwei Messer zusammen, damit die Kinder nicht weh tun, haben sie Schere. Eine Schere ist auch für Haare, aber nicht für Wurst.

SCHI In Berg kann man mit Schi fahren. Also zum Beispiel, ich fahre in Moskau Schi, daneben. In Türkei gibt es nicht Schifahren, aber in Fernseher.

SCHILDKRÖTE Es hat auf dem Rücken eine dicke Decke. Wie ein Haus, aus dem 4 Füße kommen, und Kopf kann sie auch wieder hineingeben.

SCHLAF Wenn du von Arbeit kommst und du bist müde, und jemand sagt: Du bist Schlaf. Dann wirst du ein Träumer und du hast einen Schlaf.

SCHLANGE Ist natürlich immer giftig, fast immer. Auch die Schlange im Glas im Kasten im Deutschkurszimmer, andere nicht. Es ist gar nicht wie tot, es macht so schöne Kurven.

SCHLUCKEN Mit Mund kann man. Da muß man was reintun, und dann kommt das mit Schlucken in Bauch. Schlucken können die kleinen und die großen Menschen, auch ein Hase oder eine Katze. Aber Blumen können nicht. Aber die Bienen schlucken die Honig und fliegen damit.

SCHLUSS Schluß jetzt! sagt die Frau Lehrerin. Schluß ist, wenn du aufhören mußt. Wenn Pause aus ist, dann mußt du mit deine Brot Schluß machen oder mit deine Kakao. Aber du machst mit Kaffee nicht Schluß.

SCHNEE Ein Schnee ist weiß und gibt viel davon, und es kommt immer der Schnee im Dezember. In Türkei sagen die Leute: Wenn ersten Schnee essen, werden im Bauch Würmer. Wenn zweiten Schnee essen, werden auch Würmer. Dritten Schnee kann man essen.

SCHNEEGLÖCKCHEN Ist eine Blume, also keine echte Frühlingsblume. Die ist die Frühlingsknotenblume. Sondern eine normale Blume und wie eine

Glocke. Sie ist weiß und drin ist sie schwarz und gelb. Sie kann auch bei einem Baum sein.

SCHNEIDER Ist ein Mensch, wenn das Kleid zerrissen ist, dann macht er das Kleid wieder ganz zu. Ein Schneider kann auch eine Frau sein.

SCHÖN Frauen können schön sein. Tiere können auch, die weißen Hasen zum Beispiel. Die Frauen schmücken sich, Haare kämmen sie, dann die Augen mit Blau oder Grün. Manchmal machen die Frauen die Haare auf die Seite. Die schönste Frau ist unsere Frau Lehrerin, aber sie hat so großen Mund.

SCHÖNBRUNN Ein schöner Brunnen war da, wie früher auf einem Bauernhof. Dort nehmen sie Wasser. Heute ist dort ein wieder und wieder schönes Haus. Und vor hundert Jahren war auch eine Königin und ihre Mann und seine Kinder.

SCHREIBMASCHINE Knöpfe haben Buchstaben, wo du drücken kannst, und Buchstabe geht auf Papier. Hat mit Strom und ohne Strom. Wenn du Fehler machst, dann macht sie Fehler sofort weg. Sie kann alle Buchstaben radieren, ohne Radiergummi. Schreibmaschine ist für Zeitung und Buch, und unsere Frau Direktor hat auch. Und du hast eine für Kinder.

SCHRIFT Du schickst in Türkei ein bißchen Geld. Die Schrift ist wichtig. Damit Geld dort kommt.

SCHUH Das tragt man in den Füßen, daß die Füße nicht schmutzig werden. Das schützt die Füße. Daß die Füße nicht bluten. Daß die Füße nicht krank werden.

SCHULE Bei Schule können wir lernen. Deutsch lernen, schreiben, rechnen, lesen und natürlich turnen. Es gibt a- und b-Klasse, also 1. Klasse, 1. Klasse, 2. Klasse, 2. Klasse, 3. Klasse, 3. Klasse, 4. Klasse, 4. Klasse und natürlich Vorschule. 1. Klasse ist die ganz kleine Kinder, 2. Klasse ist die Mittelklasse, 3. Klasse ist die normale Klasse und 4. Klasse ist die größte. Ich mag meine Schule echt ganz gern. Das ist meine liebste Schule. Und unsere Frau Direktor gibts natürlich auch.

SCHWARZ Das ist eine Farbe, man kann malen. Wenn man eine Katze malt, zum Beispiel. Und du ziehst immer schwarze Sachen an. Vielleicht, weil dein Bruder tot ist, oder wegen dein Haare, weil die Farbe zu deine Kopf paßt. Am Montag ziehen die Leute schwarz an, vielleicht weil Sonntag aus ist.

SCHWIMMBAD Größer wie eine Badewanne, und da kann man schwimmen lernen, und die Babys tragen ein Schlauch, und wenn sie schon größer sind, dann können sie normal schwimmen.

SCHWITZEN Wenn man viel läuft, kommt Saft aus dem Körper. Wie Regentropfen.

SEELE Wenn man tot ist, ist nicht gestorben seine Seele. Die kreist in der Welt herum, sieht man aber nicht. Die Seele wiegt 1 1/2 kg. Man hat gefunden, als ein Mann gestorben ist, ist er um 1 1/2 kg leichter geworden.

SEGELSCHIFF Sieht aus wie ein Tuch, aber das Segelschiff hat nur oben Tücher, unten ist Holz.

SHALVAR Große Rock, wenn der Wind kommt, geht sie nicht auf. Wie Hose. Daß man spazieren kann. Bis zum Boden, zu den Füßen, bis halbes Fuß, damit Wind nicht aufmacht.

SKELETT Knochenmann. Wenn Mensch tot ist, dann kommt Knochen. Wenn man in Grab sitzt oder schläft.

SOMMER Ziehen sie sich kurze Arme an und dann gehen sie schwimmen. Da machen sie Urlaub. Die Haut wird ganz braun, und dann gehen sie vielleicht zum Amerika, wenn sie Geld haben natürlich.

SONNE Ist gelb, und wenn sie nicht da ist in der Früh nicht da, dann haben die Blumen keine Kraft mehr.

SONNENUHRGASSE Sie ist so genannt, weil es drei Sonnenuhren gab. Heute ist eine Sonnenuhrgasse mit einer Schule. Und in der Schule, da sind wir jetzt, in der Sonnenuhrgassenschule.

SONNTAG Da ist Ferien. Da ist Freizeit. Da gehen die Türken in Laaer Berg und machen Picknick im

Sommer. Manche gehen auch in Prater oder zu Schafen in Niederösterreich.

SORGE Meine Mutter hat, immer ist Sorge, wenn meine Mutter hat Angst, daß seine Mutter in Türkei vielleicht wird tot sein oder krank.

SOUVENIR Ist eine schöne Sache oder ein Foto. Ich habe ein Oma-Foto, und ist Souvenir, und ich schaue. Weil Oma ist in Rumänien.

SPAGAT Ist, wo die Menschen die Füße aufmachen, daß sie ganz gerade sind. Es gibt Mannspagat und Mädchenspagat.

SPAGHETTI Ist so lang, ist gelb. Sie warten im heißen Wasser, bis sie weich sind, bis ganz orange ist. Wenn fertig ist, dann geben sie etwas Braunes darauf. So köstlich.

SPIEGEL Siehst du dich selbst. Dann bin ich zweimal. Kaputt, dann seh ich mich fünfmal. Manchmal siebenmal.

SPRINGBRUNNEN Wasser gehen hinauf, dann hinunter. Wie ein Vulkan. In Vulkan ist Feuer, dort ist Wasser. Ich hab gesehen im 1. Bezirk.

SPRITZE Ist wie Impfen. Mir haben sie schon in Knochen gemacht und Blut ausgesaugt, ein schlechtes Blut. Oh, ich sterbe, wenn ich Blut sehe. In Zahn kann man machen, in Kopf, und vor Operation kann man betrunken machen.

STAATSBÜRGERSCHAFT Fremdes Kind und es wird deutsch, und dann muß sie immer deutsch sprechen. Hümeyra ist heute bei Bürgermeister im Rathaus. Sie wird auch eine Stadtbürgerschafterin. Ich bin schon fast, aber ich werde bald richtig. Dann wirst du die ganze Türkensprache verlernen. Unsere Nachbarn sind auch alle Stadtbürgerschaft. Eine Freundin, sie ist polnisch, das erste Mal war sie eine Polen, und dann ist sie halt eine Deutsche geworden. Sie kann nicht mehr polnisch sprechen. Also das kostet aber viel Geld.

STADTPARK Da ist Strauß, ist wunderschöne Park. Und Prater ist auch schön. Und mit Donau ist auch schön. Da ist kleine Park für Kinder, wo ich mit meiner Katze gehe und mit Schwester, Vater und Mutter.

STEPHANSDOM Das ist eine Kirche, die im botanischen Stil erbaut wurde. Im Keller befinden sich Knochen, und auf der Spitze gibt es eine berühmte Glocke, die Pummerin. Die Kirche ist dreimal gebaut. Die am schönsten Teile von Stephansdom sind Pummerin, Altar, Orgel, Zahnwehherrgottes, der hat nicht die Zähne geputzt. Es gibt zwei Heidentürme, Südturm, Nordturm und das Riesentor, wo ein Knochen von einem Mammut entdeckt wurde. Wir haben die Dienstbotenmutter gesehen. Das ist eine Mutter, die eine Puppe in der Hand trägt, damit sie geschützt bleibt. Da gibts noch Schlangen und Krebse aus Stein, wo der Bischof die Ansage machte. Und ganz oben gibts einen Hund, der bewacht immer, damit niemand stiehlt.

STERN Wenn man schön schreibt, bekommt man Stern. Aber ist auch im Himmel, so gelb in der Nacht. Von den Sternen gibts auch eine Königin. Die Königin sieht man aber nicht.

STIMME Ist, daß die Kinder sprechen können. Muß man nicht lernen, um die Stimme zu haben.

STOCK In Türkei hat der Lehrer einen Stock. Der Lehrer haut die Füße und die Hände. In Jugoslawien auch, da muß Kind auch auf Knie stehen. Das tut ganz weh.

STOFFTIER Ist weich und hat Haare. Das kann man mit ins Bett nehmen, eine Katze vielleicht. Ist aber nicht wie eine normale Katze, eine richtige.

STRICKEN Du strickst mit zwei Staberln, das sind silberne Staberln, und dann strickst du bis zu einem Pullover. Bis die Wolle fertig ist.

STROM Es kommt aus der Wand und ist gelb. Man kann es auf- und zumachen. Einmal ist es aus der Erde gekommen. Ein Mann hat Strom gefunden, seitdem haben alle Strom. Ist wichtig für Lampe und Nacht.

SÜSS Süß ist nicht gut für die Zähne, aber schmeckt. Schokolade ist ganz süß, und Kakao kann weniger sein oder Eis. Süß ist für Bravsein. Alle Kinder essen gern.

T

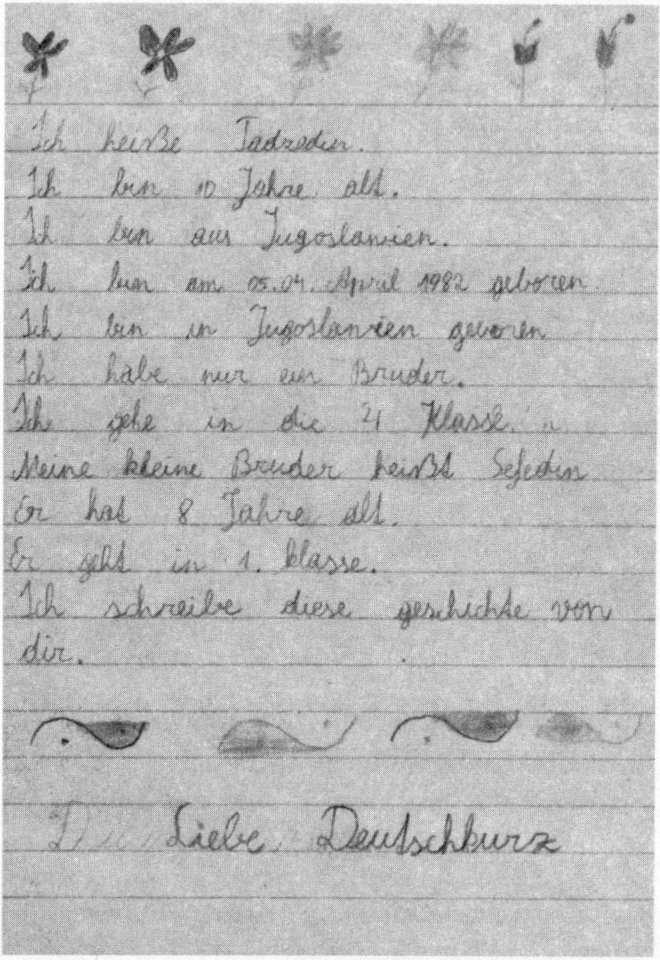
Ich heiße Tadzedin.
Ich bin 10 Jahre alt.
Ich bin aus Jugoslawien.
Ich bin am 05.04. April 1982 geboren.
Ich bin in Jugoslawien geworen
Ich habe nur ein Bruder.
Ich gehe in die 4 Klasse.
Meine kleine Bruder heißt Sefedin
Er hat 8 Jahre alt.
Er geht in 1. klasse.
Ich schreibe diese geschichte von dir.

Liebe Deutschkurz

TABLETTE Wenn man krank ist, dann gibt der Doktor. So wie Zuckerl, aber grausig. Wie Kaffee, so schmeckt. Gibts auch eine Saft, ist auch grausig. Aber du wirst wieder gesund sein.

TAFEL Da kann man nicht mit Bleistift schreiben und Buntstift auch nicht kann man schreiben. Ist so grün, und du schreibst mit Kreide. Und du kannst alles wegmachen mit Schwamm. Ist wie ein Tintenkiller, aber so mit kleine Löcher wie Stoff. Alle Kinder schreiben gern Tafel.

TANTE Meine Papa seine Schwester oder von der Mutterseite. Ich hab vier Stück: eine in Türkei, eine in Links, eine wieder in Türkei und eine in Wien.

TANZEN Du tanzt zu einer Melodie, versuchst du Bewegungen zu machen zu der Melodie. Du tanzt Tango, und alles mögliche kann man tanzen.

TARZAN Ist stärker, kann Löwe töten. Tarzan hat ein Affe und eine Frau. Ihre Name ist Jane. Affe, Tarzan und Jane sind eine Familie. Der Affe bringt immer Eier.

TAXI Ist ein Auto. Bezahlen 100 Schilling. Der Mann muß alle Straßen wissen. Die Damen, die reich sind, fahren mit Taxi, wenn jemand kein Auto hat.

TELEFON Ist eine automatische Zeug, damit man sprechen kann mit seiner Freundin. Mit eine Telefon kann man Sprechtag machen.

TEPPICH Es hat Muster und liegt im Boden. Oder es ist ohne Muster. In Türkei essen die Leute auf Teppich und sitzen. Und in Geschichte gibt es eine Teppich, der fliegen kann, ganz schön.

TERMIN Ein Termin ist, wo man krank ist, und dann gibt der Doktor einen Termin.

TEUFEL Ist rot, ist nur rot. Die Füße hat er auch rot. So wie eine rote Puppe, so schaut aus. Er hat zwei Stangen im Kopf und ist gemein. Er ist im Feuer. Aber er brennt nicht. Er macht die Kinder angst.

THEATER Ein großes, großes Haus, wo du gehen kannst. Dann spielen sie Prinzessin und König. Die Leute sind gespannt, was passieren wird.

TIER Tiere gibts so viele wie Menschen in der Welt, noch mehr vielleicht, aber niemand weiß wirklich.

TIERÄRZTIN Eine Tierärztin ist eine Frau, und die untersucht die Tiere im Tierarzt.

TINTENKILLER Macht die Buchstaben tot.

TISCH Die Türken haben Tisch und nicht. Sie stellen ein Tuch auf den Boden, das ist wie bei Picknick, nur ist es zu Hause. Oder sie haben einen großen Teller aus Eisen, wo sie essen. Da oben ist Joghurt, Tee, Marmelade, Käse, Brot und Oliven. Und alle sitzen türkisch, sagt man auch Türkensitz im Turnen. So kann man sitzen, auch Österreichische.

TOD Wenn ich tot bin, dann graben sie in Friedhof. Dann stellen sie vielleicht einen Stein, in Rußland vielleicht ein Kreuz. In der Türkei, wenn jemand tot ist, waschen sie, dann gehen sie in Friedhof und graben sie. Wenn Abend ist, kommen die Engel. Die Engel fragen dann: Wer ist dein Gott? Wer ist dein Koran? Auf der rechten Schulter ist ein böses Engel, auf der linken ein gutes. Und wenn er Böses getan hat, dann schreibt sie in ein böses Buch. Und wenn er Gutes getan hat, dann schreibt sie in ein gutes Buch. Und der Gott hat eine Waage. Wenn viel Böses ist, gibts Feuer und Strafe. Wenn viel Gutes, dann haben sie einen Platz, wo er leben kann, wie man will. Zum Beispiel wenn er sagt: Ich will zum Apfelbaum. Dann geht er dorthin.

TRAUM Wenn man Film schaut, das kriegt man dann im Traum. Weil man Film schaut. Du schläfst einmal ein, dann machst du die Augen zu. Dann kommt der Traum in deine Augen hinein in den Kopf. Dann geht der Traum zu den Ohren hinaus, dann ist er wieder weg.

TRAURIG Ist weinen und etwas anderes ist, wenn dein Vater tot ist oder etwas von deiner Familie.

TULPE Es steht auf dem Kopf, damit wir genau beobachten können.

TUNWÖRTER Turnen im Heft, nein. Sie tun zum Beispiel schreiben. Wenn sie Zeit haben, werden sie Zeitwörter. Ich habe gestern die Aufgabe geschrieben oder übergestern. Schreiben kann ein Tunwort sein oder singen oder essen. Tunwörter sind interessant.

TÜRKEI Eine Türkei ist orange, ist so groß. Hast du auch eine Amerika? In Berg ist meine Oma-Haus, ist nur aus Ziegelstein. Klo gibt es schon, aus Holz, aber kein Klopapier. Wenn sie keines haben, nehmen sie Steine oder Wasser.

TÜRKEIFRAU Eine Türkeifrau kann eine deutsche Stadtbürgerschaft sein. Du schaust so aus, mit schwarzen Haaren, mit dem Gesicht, wie eine Türkeifrau oder eine türkische Dame. Dein Gewand, so schwarz, manchmal blau. Die Haare auf den Augen sind auch schwarz. Warum hast du weiße Haare? Du bist ja nicht verheiratet. Alle Türkeifrauen haben Kinder und heiraten. Die Türkeifrauen kennt man vom Gesicht, ein bißchen schwarz schon, aber es gibt auch Deutsche, die so braun sind.

TÜRKEN Die sind einfach hergezogen, weil es ein schönes Land ist. Sie wollten die ganze Welt und wollten Stephansdom sie, weil da oben so ein Mondschein war. Erster Sultan war Soliman 1529, zweiter war Kara Mustafa 1683. Vom Blut haben die Türken später rote Farbe genommen für die Fahne, mit Mond und Stern von Atatürk.

TURNEN Eine Stunde turnen die Kinder. Springen und raufklettern und abschießen und laufen und Purzelbaum machen sie. Dann ist eine Stunde fertig, dann kommt die andere Klasse. Wir gehen zweimal in der Woche. Turnen ist urschön.

TURTLES Ein kleiner Knabe hat vier Schildkröten. Diese sind Turtles geworden, wie Männer. Die Namen heißen wie italienische Bildermaler. Das waren seine liebsten Namen. Diese vier Schildkröten seine Namen: Michelangelo, Donatello, Raphaelo und Leonardo.

U

U-BAHN Wenn du schnell etwas brauchst, dann steigst du, dann gehst du schneller unter Boden.

UHR Eine Uhr hat bis zwölf Zahlen, und man kann es benützen für Tage und für Zeiten.

UMSTÄNDLICH In einem durch sagen geht nicht.

UNIVERSITÄT Ist eine große Schule im 1. Bezirk, eine Sonderschule oder so etwas für Große.

UNO-TRUPPEN Warum sitzen sie in Bosnien? Sie machen nichts. Nur sitzen und schauen.

UNTEN Ist, wenn ein Mensch unten steht. Unten ist tiefer. Unten ist der Schulwart.

UNTERHOSE Was man in der Mitte anzieht. Das braucht man für Klo und immer. Für Frühstücken und für Singen und für alles.

UNTERSCHIED Ist immer etwas gegen. Zum Beispiel was ist der Unterschied gegen einen Honig oder gegen eine Marmelade? Ist vielleicht der Honig gelber und die Marmelade bunt?

UNTERSCHRIFT Zur Sicherheit, daß die Bank für dich sicher sein kann. Oder Vater hat untergeschrieben im Mitteilungsheft, daß die Schule um 11 Uhr aus ist.

V

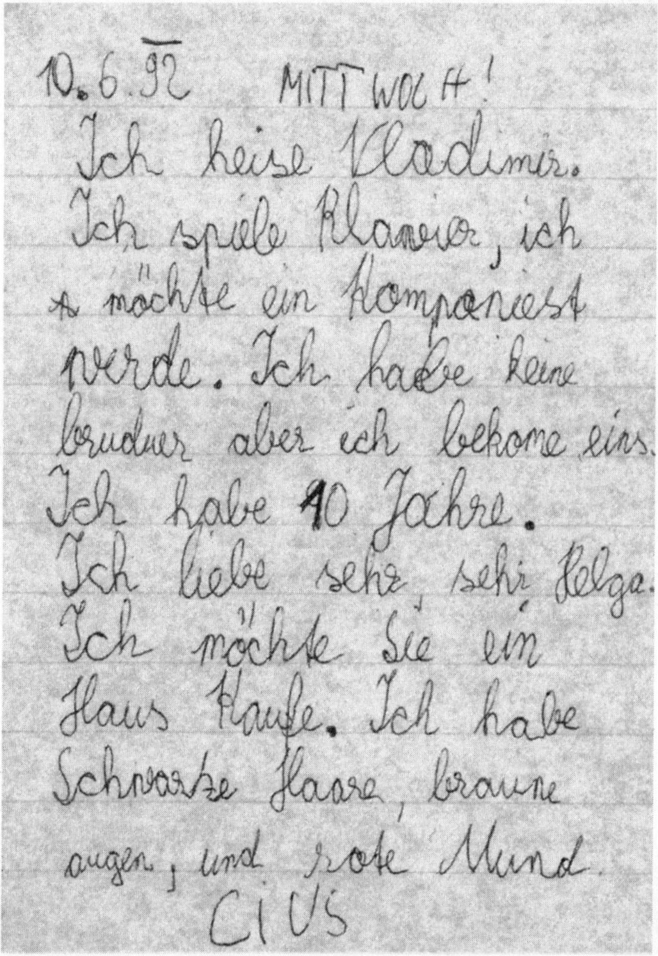

10.6.92 MITTWOCH!
Ich heise Vladimir.
Ich spiele Klavier, ich
möchte ein Komponist
werde. Ich habe keine
bruder aber ich bekome eins.
Ich habe 10 Jahre.
Ich liebe sehr, sehr Helga.
Ich möchte Sie ein
Haus Kaufe. Ich habe
Schwarze Haare, braune
augen, und rote Mund.
CIUS

VANSEE Der größte Teich in Türkei, wie eine Donau, wie ein Meer.

VATER Mein Vater ist mir Vater, ist nicht Freund, aber wie Freund. Er hat mich gemacht. Und meine Mutter. Zum Beispiel kann ich auch zwei Vater haben, wenn meine Mutter zweimal heiratet.

VATERLAND Ist, wo der Vater herkommt, wohnt, wo er geboren. Zum Beispiel Türkei oder Jugoslawien oder Polland.

VEILCHEN Ein kleines Blümchen, lila und ganz dünn. Muß man aufpassen, daß man nicht Vielchen schreibt.

VERGANGENHEIT Ist nicht jetzt. Was du übergestern gemacht hast. Also die kurze Vergangenheit ist, was du übergestern gemacht hast. Und die lange Vergangenheit ist, was du überübergestern gemacht hast. Und die Mitvergangenheit ist, was du gestern gemacht hast, was du mitgemacht hast.

VERGISSMEINNICHT Eine Blume im Garten. Wenn man die vor sich hinstellt und man geht irgendwohin und man will Blume schenken und man hat vergessen.

VERKEHRT Ist, wenn oben im Boden ist. Verkehrt kann eine Vase sein, kann ein Federpenal sein, kann ein Hund kann nicht sein.

VERLOBEN Wenn sie zu einem Fest gehen. Und sie stoßen an, und dann die Frau schaut zum Mann, und dann der Mann schaut zur Frau. Dann sagt die Frau: Entschuldigen Sie sich. Und der Mann sagt: Es ist nichts passiert. Ich gib dir eine Fanta oder Cola oder eine Whisky. Dann sagt der Mann: Du schaust so schön aus. Gehst du mit mir spazieren? Und die Frau sagt: Ja. Und dann gehen sie zu Park und reden sie. Und der Mann fragt: Willst du mich heiraten? Und dann verloben sie sich, bevor sie Hochzeit gehen.

VITAMIN Mir schmeckt Husten mit Vitamin C. Vitamin kann man nicht schauen. Das ist für Körper.

VOR Ist, wenn ein Kind vor dem Haus steht oder ein Hund vor dem Kind.

VORMITTAG Hinten kommt Nachmittag, da gehen die Kinder in Park. Und dann gehen sie zu Hause und schlafen. Und dann ist wieder Vormittag, da ist Schule.

W

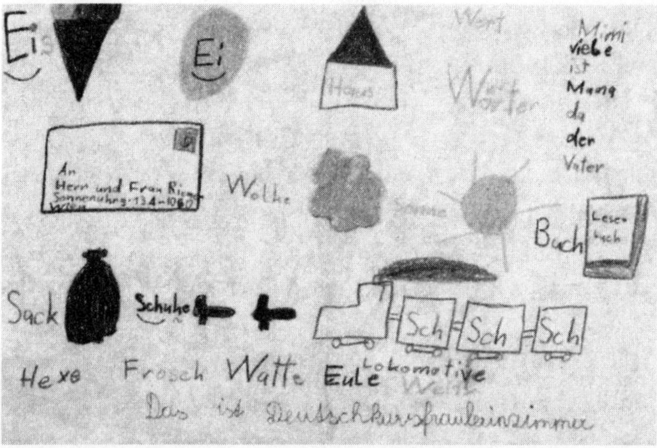
Eis
Ei
Haus
Wort
Wörter
Mimi
liebe
ist
Mama
da
der
Vater
An
Herr und Frau
Wolke
Sonne
Buch
Lesebuch
Sack
Schuhe
Sch
Sch
Sch
Hexe
Frosch
Watte
Eule
Lokomotive
Welt
Das ist Deutschkursfräuleinzimmer

W Wie die Weihnachten im Baum.

WAAGE Für den Kopf, für alles. Mit Füßen hinauf und dann kennt man die Schwere. Wer dick ist, der kriegt 41 Kilo. Ich habe 40 Kilo. Einen Kilo hab ich schon weggegeben. Ich will noch 5 Kilo weggeben. Wer Kilo weggibt, der ist dünn.

WAHRHEIT Ist immer mit ohne Fehler, wenn alles ist richtig, ganz, ganz richtig. Nichts Gelügtes.

WAL Kann Mensch schlucken, ohne Zähne, wie trinken. Dann kommen sie in andere Welt.

WALD Ist so viel Bäume und Tiere. Dort ist es nicht so kalt. Ist alles bedeckt von Bäumen. Im Wald haben die Kinder Angst, weil es dunkel ist mit den Tieren. Auch ein Hase kann Angst haben und eine Eule.

WANGE Eine Wange ist immer weich, und man kann sie greifen.

WASCHMASCHINE Hat in der Mitte ein Glas, drin kann sich eine Hose waschen oder ein Kleid, eine Bluse. Aber Pulver muß man geben.

WC Es gibt Sohn-WC und Tochter-WC.

WEIHNACHTEN In Türkei gibts nicht, wenn ich in Österreich bin, ich schicke für meine Freundin eine Post in Türkei. Wo ist Christbaum mit kleiner Torte und Luftballons. Und ganz oben gibts Stern.

WEINEN Sind Tränen, die kommen aus den Augen, mit Salz gemischt. Sind solche Tröpfe, aber nicht wie Töpfe. Aber Tränen kann man in Töpfe geben.

WEISS Weiß hat Schnee, hat Papier, hat Buch, hat Salz und Zucker. Weiß kann man auch schwarz malen, aber nicht weiß auf weiß.

WELK Blumen in eine Vase geben, und nach drei Tagen oder fünf werden die Blumen werden schwach.

WELT Es ist rund. Die Welt ist kleiner als die Sonne. Die Sonne dreht sich um die Welt, ist vielleicht hundertmal größer. Nein, die Welt dreht sich um die Sonne, aber wir bleiben stehen.

WENIG Ist so wenig, so wenig kann man spielen oder Saft trinken. Wenn wenig ist, ist immer nicht schön. Schön ist viel. Ich gehe viel in Park oder ich esse viel Kaugummi.

WETTER Dort kommt Sonne, dort kommt Regen vom Himmel, kommt auch Schnee. Im Fernsehen sagt der Wettermann, wenn es Sonne wird, wenn es Winter wird. Aber Wettermann kann auch lügen.

WIEN Ist wunderschön. Polen ist wunderschön nicht, aber ist schön. Mit Polen ist meine Oma, meine Opa, alles Familie ist mit Polen. Ich hab drei Oma und zwei Opa. Dritte Oma ist Oma-Oma. Alle Oma kommen ins Wien. Wien hat alles, hat Prater, hat Museum, hat Tiergarten, Eis und Schönbrunn. In Wien gibts eine Sonne, kann man sehen eine Schule, viele Hunde und Polizei.

WIENER SCHNITZEL Draußen ist Braunes, drinnen ist Fleisch.

WIMPERN Sind wie Striche bei Augen, und es sind viele Wimpern, und sie können auch fallen.

WIND Ein Wind ist kalt und macht die Bäume schief und traurig. Zum Atmen braucht man Wind. Wenn man keinen Wind hat, wirst du tot sein.

WINTER Schnee ist Winter. Im Winter kommt auch viel Wind. Da bauen die Kinder einen Schneemann und ziehen Anorak an. Da ziehen sie zwei Hosen an, und meine Mutter macht große Tuch auf Kopf.

WIR Das alles zusammen, das sind wir. Ich bin auch wir, das sind wir, wir vom Deutschkurs.

WO Immer ist auch wo. Wo du jetzt bist und wo du gehst, wenn Schule aus ist. Wo du in Ferien gehst. Ist so wie ein Platz, wie ein Sessel oder ein Bett oder ein Zimmer.

WOHNUNG In Wohnung kann man sitzen, da sind Sessel, da kann man leben. Kasten, Tisch, Glas und Wasser gibts, Kühlschrank, Bett und Fenster gibts auch, Licht und Blumen. Meine Haus hat ein Zimmer und eine Küche. In Zimmer schlafen. In Küche essen und fernsehen und reden, wenn Onkel, Tante, Onkel und wieder Tante kommen und seine Kinder. Meine Haus ist in Mollardgasse. Ganz viele Kinder von Sonnenuhrgasse haben Haus in Mollardgasse.

WOLKE Ist das Weiße da oben. Kann laufen und langsam gehen. Kommen zusammen und kommt Regen.

WORT Ist Namenwort, ist Wiewort, ist Tunwort, ist Begleiter. Der, die, das Buch zum Beispiel. Abc ist drin. Ein Wort ist immer mit Buchstaben. Alle Wörter gibts im Wörterbuch.

WUNDER Was du noch nie gehabt hast.

WUNDERSACKERL So kleine Sackerl, drinnen ist ein Wunder, vielleicht ein Feuerzeug, aber da kommt Wasser und nicht Feuer. Ein Wunder kostet 7 Schilling. Gibts auch Blut, aber nur die Farbe ist Blutfarbe.

WUNSCH Ich sage: Bring mir eine Computer oder ein Chinabuch! Das ist Wunsch. Daß ich in China gehen wünsche.

WURM Ist wie kleine Schlange, ist in Apfel und Apfelbaum kann sein. Wenn du mit Fuß steigst, dann siehst du nicht mehr.

WÜSTE **Ist ein Ort, wo es meistens nur Sonne gibt. Nur Sand. Und Kamel und seine Frau. Dort ist man am meisten durstig.**

X

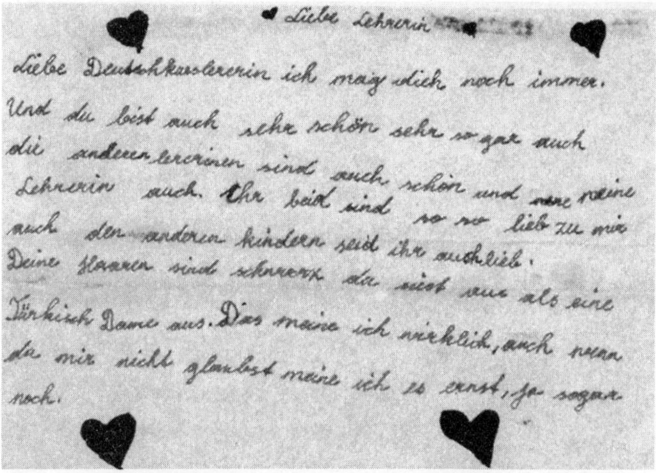

Liebe Lehrerin [redacted]

Liebe Deutschkurslererin ich mag dich noch immer.
Und du bist auch sehr schön sehr sogar auch
die anderen lercrinen sind auch schön und ~~nne~~ meine
Lehrerin auch. Ihr beid sind so so lieb zu mir
auch den anderen kindern seid ihr auchlieb.
Deine Haaren sind schwarz da siest aus als eine
Türkisch Dame aus. Das meine ich wirklich, auch wenn
du mir nicht glaubst meine ich es ernst, ja sogar
noch.

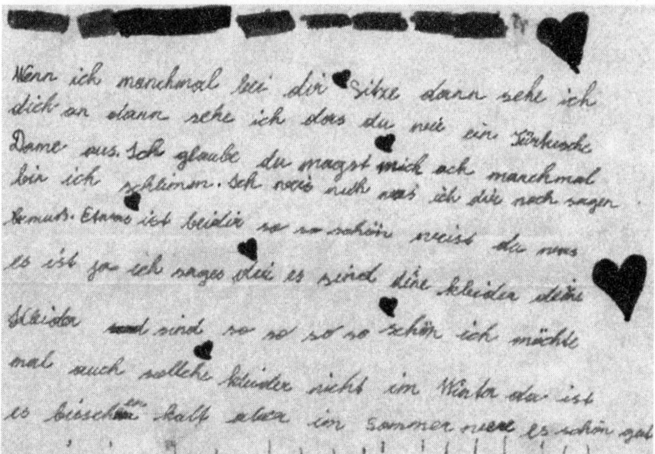

[redacted]

Wenn ich manchmal bei dir sitze dann sehe ich
dich an dann sehe ich das du wie ein Türkische
Dame aus. Ich glaube du magst mich ach manchmal
bin ich schlimm. Ich weis nich was ich dir noch sagen
muß. Etwas ist beidir so so schön weiss du was
es ist ja ich sage dir es sind deine kleider deine
Kleider ~~und~~ sind so so so so schön ich möchte
mal auch solche kleider nicht im Winter da ist
es bisschen kalt aber im sommer ~~wie~~ es schön geht
! ! ! ! ! ! ! ! ! ! ! ! ! ! ! !

X Gibts in Hexe. Weil die Hexe gibts nur in andere Welt oder in Geschichte.

XANDI Österreichische Bub kann so geheißen werden, in meiner Klasse.

Y

Y Ist in Teddy, Baby und in Hümeyra. Gibts türkische Ypsilon und deutsche. Aber nicht so oft.

Z

Helga: Die (Frau Doktor) Helga Glantschnig ist sehr nett und sehr gescheit und klug. Ihr fällt sofort alles auf.
Hier ein Bild von ihr:

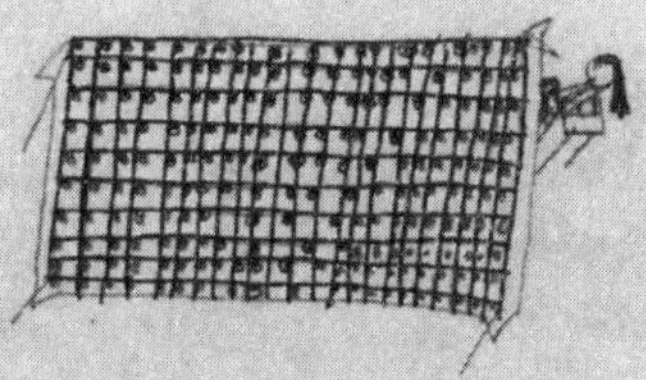

Nicht ganz. Ein bißchen zu klein. (Die gesunde starke), Högá am Elterntisch mit Reindling.
Jetzt sitzt sie am Schreibtisch (Frau Doktor) Helga Glantschnig und schreibt.

Jetzt ist sie auch Tante:
„Tante"

ZAHL Wenn in einer Welt keine Zahl gibt, dann kann man nicht wissen, wie viele Personen oder Männer in einer Stadt leben.

ZAHN Man kann auch Zahlweh haben, nein. Zahn ist weiß, kann auch gelb sein oder braun. Schwarz ist, wenn sie krank ist. Die Türken haben auch Gold bei Zahn, damit nicht rausfällt.

ZAUBERER Sie macht, wie du willst. Wenn du Flugzeug willst, dann baut sie. Wenn du Eis willst, dann bringt sie. Wenn du vielleicht Gold willst, dann macht sie.

ZEHEN Fußfinger. 10 Stück. Sind weiß, und manchmal ist Schmutz drin, Schwarzes. Und man kann die Zehen abschneiden, wenn sie lang sind. Die Zehen kommen vor den Fußnägeln.

ZEIT Ist die Uhr, gibts immer und immer. Geht immer und immer. Hört nie auf.

ZEITUNG Wer ein Unfall hat, da schreiben sie Uhrzeit, und wann es ist. Und dann sagen sie, wo es gewesen ist. Morgen oder übermorgen, in Sonnenuhrgasse vielleicht. Da steht auch, wenn man Haus sucht. Dann telefoniert der Mann. Wenn das Haus noch ist, dann kann man haben. In Zeitung also, da kann man alles lesen. Die Herren lesen, wenn sie Lust haben. Und alte Frauen auch.

ZELT Da muß man ein Rucksack nehmen. Wenn man wandert, kann man ein Zelt aufbauen. Da kann man schlafen. Dann das Zelt abräumen und wieder weitergehen. Ist aus Leder oder Stoff und hat so einen Schlitz, wie ein Federpennal, ein großes. Wenn man wieder zu Hause ist, dann geben sie das in ihr Zimmer und schauen Fernseher.

ZEUGNIS Wo man Noten für ein halbes Jahr kriegt. Wenn du schöne Noten hast, dann kannst du in größere Schule gehen.

ZIGARETTE Da kann man rauchen, und das stinkt. Man kann mit Zigarette Feuer machen. Da kommt der Schmutz in dich hinein, und du kriegst keine Luft mehr. Und vielleicht kannst du sterben.

ZIGEUNER Er macht immer Hände auf und sucht Kübel. Wenn er etwas gefunden hat, er hat Sakkerl, dann nimmt er. Wenn jemand Hose geschmissen, dann zieht er an. Wenn er Gold findet, dann geht er zu Goldgeschäft und macht Geld. Und er geht spazieren und kauft vielleicht Haus.

ZITRONE Eine Zitrone ist sauer, und die kann man schneiden und in Tee schütteln.

ZOO Da wohnen Tiere. Das ist Schönbrunn. Schönbrunn hat Löwe, Eisbär, Elefant, hat Affe, hat Schlange, hat Zebra. Er lebt im Afrika, sieht wie Pferd aus, schwarz und weiß geschmiert zusammen. Schönbrunn hat viele Zimmer für urgroße Tiere, kann auch Käfig kann sein. Giraffe seine Kopf geht fast hinaus.

ZORNIG Kopf schmeißen. Zorro kann natürlich zornig sein.

ZUNGE Ist rot und man kann es herausbringen. Man kann auch ein Brief zumachen. Es ist fast immer versteckt.

ZWANZIG Zehnzehn.

ZWERG 7 kleine Männer, so weit im Wald. Frau, ganz böse, sie hat Bezauberspiegel und befragt diese Spiegel: Wer ist der Schönste auf dieser Welt? Snežana, sie rufen. Bum-bum-Mann will Herz nicht tot machen, nimmt Herz von Tier. Böse Frau essen die Herz. Diese snežana und 7 patuljci. Das ist Zwerg. Snežana bekommt schöne Mann.

ZWETSCHKE Ist rund und lila und drinnen ist kleines Holz.

ZWIEBEL Ist für Kochen und Salat. Draußen ist wie dünnes Papier, dann kommen viele weiße Blätter, aber runde.

ZWILLINGE Zwei Stück Kind, ganz gleich, können auch große Zwillinge sein. Zwillingzeichen macht man, wenn man, wenn man schreibt, redet.

Brennpunkt

Doron Arazi
Itzhak Rabin – Held von Krieg und Frieden
Biographie
Band 4490
„Eine gediegene, kenntnisreiche Taschenbuch – Biographie, kein verlegerisch-kommerzieller Schnellschuß" (Die Zeit).

Erika Schuchardt/Lew Kopelew
Die Stimmen der Kinder von Tschernobyl
Geschichte einer stillen Revolution
Band 4476
Betroffene Kinder werden zu Botschaftern des Friedens und der Verständigung. Ein Dokument der Menschlichkeit.

Wladyslaw Bartoszewski
Es lohnt sich, anständig zu sein
Meine Erinnerungen. Mit der Rede zum 8. Mai
Hrsg. von R. Lehmann
Band 4449
„Ein leidenschaftlicher Humanist" (H. Böll) erzählt sein Leben. Ein Gejagter, der zum Helfer wurde und sich zeitlebens für Versöhnung einsetzte.

Herma Kennel
Es gibt Dinge, die muß man einfach tun
Der Widerstand des jungen Radu Filipescu
Band 4446
Eine wahre Geschichte über das Abenteuer der Zivilcourage – spannender als jeder Krimi.

Kurt-Helmut Eimuth
Die Sekten-Kinder
Mißbraucht und betrogen – Erfahrungen und Ratschläge
Band 4397
Kinder sind Sekten besonders hilflos ausgeliefert. Viele werden psychisch und physisch mißbraucht. Analyse und Ratschläge.

HERDER / SPEKTRUM

Dieter Oberndörfer
Der Wahn des Nationalen
Die Alternative der offenen Republik
Band 4279

Der kulturelle Firniß ist dünn. Zwischen völkisch motivierter Abschottung und tödlicher Gewalt verläuft nur eine schmale Grenze. Oberndörfer zeigt, warum der Aufbau der offenen Republik gelingen muß.

Anetta Kahane/Eleni Torossi
Begegnungen, die Hoffnung machen
Grenzen gegenüber Ausländern überwinden – Ideen und Initiativen
Band 4236

Vielfalt statt Einfalt: Integration ist möglich, der Austausch zwischen den Kulturen schafft Nähe und Offenheit. Geschichten von verschiedenen Modellen, Beispiele und Anregungen aus der Praxis.

Thomas Brey
Die Logik des Wahnsinns
Jugoslawien – von Tätern und Opfern
Band 4230

Der Bürgerkrieg wurde von langer Hand vorbereitet. Spannend und anschaulich deckt Thomas Brey, Journalist, die verdeckten Spielregeln und Hintergründe dieses Dramas ohne Ende auf.

Richard Schröder
Deutschland schwierig Vaterland
Für eine neue politische Kultur
Band 4160

„Für alle, die sich mit den Schwierigkeiten der deutschen Einheit und der Teilung sorgen, sollte das Buch Pflichtlektüre sein“ (Der Spiegel).

Fremd in einem kalten Land
Ausländer in Deutschland
Herausgegeben von Namo Aziz
Band 4130

Erfahrungsberichte deutscher und ausländischer Autoren wider die Fremdenfeindlichkeit made in Germany.

HERDER / SPEKTRUM

Frauen-leben

Ruth Pfau
Verrückter kann man gar nicht leben
Ärztin, Nonne, Powerfrau
Band 4436

Illegal im Afghanisthan-Krieg. Allein auf Himalaya-Pfaden. Zupackend im Elend der Städte. Eine atemberaubend starke Frau, die vor den Mauern der Not nicht haltmacht.

Stefanie Schröder
Paula Modersohn-Becker
Auf einem ganz eigenen Weg
Band 4431

Eine Künstlerin zwischen Unabhängigkeit und Konvention, die darum ringt, sich und ihre Kunst zu verwirklichen.

Fatima Mernissi
Der Harem in uns
Die Furcht vor dem Fremden und die Sehnsucht der Frauen
Band 4430

Geschichten über ein Leben in einer Gemeinschaft starker Frauen – wie Heldinnen aus 1001 Nacht.

Christa Dericum
Faszination Feuer
Das Leben der Ingeborg Bachmann
Band 4394

Biographie einer faszinierenden und widersprüchlichen Frau.

Ursula Salentin
Sieben Wege in die Präsidentenvilla
Von Elly Heuss bis Christiane Herzog
Band 4390

Sieben eigenwillige, starke Lebensläufe – nicht nur an der Seite eines großen Mannes.